光文社古典新訳文庫

この人を見よ

ニーチェ

丘沢静也訳

光文社

Title : ECCE HOMO.

Wie man wird, was man ist.

1908

Author : Friedrich Nietzsche

目次

この人を見よ

人はどのようにして自分になるか

はじめに

1

近いうちに私は、これまで人類が突きつけられたことのないもっとも重い要求を、人類に突きつけるにちがいない。そう予測するので私には、**私が何者であるのか**、を言っておくことが必須であるように思える。じつは、私が何者であるか、世間に知られていても不思議ではないだろう。というのもこれまで私は、自分のことを、「身元不明のまま」にしておいたことはないのだから。しかし私の使命は大きく、私の同時代人たちは**小さい**。そのアンバランスのせいで、私の言葉には耳も傾けられず、私は存在すら認められていない始末なのだ。私は誰からも借金をせず、自分の資金だけで生きている。私が生きているということも、勘違いにすぎないのかもしれない？……

夏、オーバーエンガディーンにやってくる「教養人」の、誰かひとりをつかまえて、話しかけてみるといい。私は、自分が生きて**いない**のだ、と納得することになる。……このような事情なので、じつは私の習慣に反するだけではなく、私の本能の誇りにも反することではあるが、私には、次のように言う義務があるのだ。**私の言葉に耳を傾けてくれ！　私はこれこれの者であるのだから。どうか、私のことを勘違いしないでもらいたい！**

2

私は、たとえば、こけおどしの張り子の虎などではない。道徳の怪物などではない。——それどころか、これまで「徳が高い」と尊敬されてきたような人間とは、生まれつき正反対の人間なのだ。ここだけの話だが、まさにそれこそが私の誇りであるように思われる。私は、哲人ディオニュソスの弟子である。聖者であるよりは、半人半獣神《サテュロス》でありたい。だがともかく、この本を読んでいただきたい。もしかしたら、うまく書けているかもしれない。もしかしたらこの本の意味は、道徳的な聖者と反道徳的な半人半獣神《サテュロス》の対立を、朗らかで人間味のある書き方で表現していることだけかもしれない。**私が**この本で一番書きそうにないことは、人類を「より良くする」ということかもしれない。私の手で新しい偶像が建てられることはない。古い偶像たちには、自分の立っている脚が粘土でできている、ということを学習してもらいたい。**偶像**（これは「理想」を意味するニーチェ語である）**をひっくり返すこと**――このことこそ、以前から私が手がけている仕事なのだ。なんらかの理想の世界が**でっち上げられる**と、それに応じて現実から、現実の価値が、現実の意味が、現実の真実味が奪われてしまう。……「真の世界」と「仮象の世界」――これを翻訳すると「**でっち上げられた**世界」と「現実の世界」ということになる。……理想という**嘘**が、これまで現実の世界にかけられていた呪いだったのだ。人類そのものが、理想という嘘によって、その本能の底の底まで、まやかしとなり、いつわりとなってしまったのだ。――その結果、**逆さまにされた**価値たちを崇拝するようになったのである。まっすぐに立っている本来の価値たちがあってはじめて、人類には、繁栄と、未来と、未来に対する高い**権利**とが保証されるのだが。

3

——私の著作の空気を吸うことができる人は、それが高山の空気であることを、**強い**空気であることを知っている。この空気にふさわしいからだであることが必要だ。でなければ、この空気に触れて風邪をひく危険は小さくない。氷が近くにあり、孤独は底なし。——しかし、すべてのものがなんと静かに光のなかで横たわっていることか！　なんと自由に人は呼吸していることか！　なんと多くのものを人は自分の**下に**あると感じていることか！——これまで私が理解し、生きてきたような哲学とは、自分から進んで氷と高山のなかで暮らすことなのだ。生活のなかで見知らぬものや疑わしいものを、道徳のせいでこれまで破門されていたものを、残らず探し出すことなのだ。**禁断の国を**放浪することによって得た長年の経験から、私は、これまで道徳や理想とされてきたものの原因を、世間では好ましいと思われてきた見方とはまったく別の見方で見るようになっていた。哲学者たちの**隠された**歴史が、哲学者たちの偉大な名前をもつ心理学が、私には明らかになった。——ひとつの精神が、どれだけ多くの真実に**耐える**か、どれだけ多くの真実を**口に出して言うことができる**か？　それが、私にとってはますます、価値を測る本当の物差しになったのである。誤り（――つまり、理想というものを信じること――）とは、盲目のことではない。誤りとは、**臆病**のことなのだ。……認識における成果と前進はすべて、勇気から**生まれる**。自分に対する厳しさから生まれる。自分に対する清潔さから生まれる。……私は理想を否定するのではない。理想に出会うと手袋をはめるだけだ。……「私たちは**禁じられた**ものを得ようとするのです」〔オウィディウス『恋の歌』〕。この旗印のもと、いつの日か私の哲学が勝利をおさめるだろう。これまでは原則としていつも真実だけが禁じられてきたのだから。――

4

――私の著作のなかで独自の立場をもっているのが、私の『**ツァラトゥストラ**』である。私は『ツァラトゥストラ』で、人類がこれまで経験したことのない最大の贈り物をした。何千年もの先まで響く声をもつこの本は、この世に存在する最高の書物、高山の空気に満ちた本来の書物であるだけではない。――人間という事実の全体が、この本の、恐ろしいほどはるか**下のほうに**横たわっている。——この本はまた、**もっとも深い**書物でもある。もっとも内奥にある豊かな真理から生まれた書物であり、バケツを降ろせば、かならず黄金と善意がたっぷり汲み上げられる無尽蔵の泉である。そこでしゃべっているのは、「教祖」ではない。病気と力への意思との両性具有者《ハイブリッド》は、教祖と呼ばれるが、そういう両性具有者《ハイブリッド》がしゃべっているのではない。なによりもまず、この人物の口から聞こえてくるトーンに、晴れた冬の日のように穏やかなそのトーンに、しっかり**耳を傾けて**もらいたい。そうすれば、みじめにもこの人物の知恵の意味を誤解することはない。「嵐をもたらすのは、もっとも静かな声。鳩の足で歩いてくる思想が、世界を動かす。——」〔『ツァラトゥストラ』第2部「もっとも静かな時間」〕

イチジクの実が木から落ちる。甘くて、いい実だ。落ちるときに、イチジクの実は赤い皮が裂ける。俺は、熟したイチジクの実を落とす北風だ。

イチジクの実のように、この教えも、友よ、君たちの足もとに落ちるのだ。さあ、その果汁と甘い果肉をすすってくれ！　まわりは秋だ。空は澄んでいる。

そして午後。――

『ツァラトゥストラ』第2部「至福の島で」

ここでしゃべっているのは狂信家ではない。ここで行われているのは「説教」ではない。ここで求められているのは**信仰**ではない。無限にみなぎる光と深い幸福から、一滴《ひとしずく》また一滴《ひとしずく》、一語また一語がしたたってくる。――愛情のこもったゆっくりした調子が、このおしゃべりのテンポなのだ。このような調子は、選ばれた者の耳にしか届かない。ここで聞く者になるということは、比類ない特権である。ツァラトゥストラの言葉に聞く耳をもつことは、誰にでも許されているわけではない。……ツァラトゥストラは、それにもかかわらず**誘惑者**ではないのか？……しかし、彼がはじめて自分の孤独のなかに戻っていくとき、彼自身は何を言っているのか？　そういう場合に、どこかの「賢者」や、「聖人」や、「この世の救い主」や、その他のデカダンが言いそうなこととは、まったく正反対のことを、ツァラトゥストラは言う。しゃべり方が違うだけではなく、**人間が**違うのだ。……

弟子たちよ、俺はひとりで行く！　お前たちも行け、それもひとりで！　そうしてくれ。

じっさい、忠告しておくが、さっさと俺から離れろ！　俺に抵抗しろ！　いや、もっといいのは、ツァラトゥストラのことを恥ずかしいと思え！　もしかしたらお前たちは欺かれたのかもしれないのだ。

認識する人間は、自分の敵を愛するだけでなく、自分の友を憎むこともできなくてはならん。

師にたいして、ずっと弟子のままでいるのは、まずい報い方だ。どうしてお前たちは俺の花冠をむしり取ろうとしないのだ？

お前たちは俺を尊敬している。だが、ある日、その尊敬の念が**倒れたら**、どうする？　彫像の下敷きになって死なないよう、用心することだ！

ツァラトゥストラを信じているのです、と言うのか？　だがツァラトゥストラに何の価値がある！　お前たちは俺の信者だ。だが信者に何の価値がある？

お前たちは自分を探したことがなかった。そこで俺を見つけた。そんなものさ、信者なんて。だから信仰なんて、大したものじゃない。

さあ、命令するぞ。俺のことは忘れろ。自分を見つけろ。**お前たち全員が、俺のことなんか知らない、と言えるようになったら、**お前たちのところに戻ってきてやる。……

［『ツァラトゥストラ』第1部「プレゼントする徳について」］

フリードリヒ・ニーチェ

目次

［エピグラフ］

この完璧な日、すべてのものが熟している。褐色になるのは葡萄だけではない。まさにこの日、陽の光が私の人生に注がれた。私は後ろをふり返った。これから先を見た。一度にこんなに多くのことを、こんなに良いものを見た日はない。訳あって私は今日［1888年10月15日は、ニーチェ44歳の誕生日］、私の44年目の年を葬った。私はこの1年を葬ることを**許されたのである**。──この1年で命のあったものは、救い出され、不滅のものになっているのだから。『**すべての価値の価値転換**』［の第1巻『ア

＊

＊

＊

ンチクリスト』」、**『ディオニュソス頌歌』**、そして気晴らしに**『偶像の黄昏』**――これらはすべて、この1年に、いやそれどころかこの1年の最後の3か月に贈られたプレゼントなのだ！　**どうしても私は、私の人生のすべてに感謝しないではいられない。**

さあ私は、私に私の人生を語って聞かせよう。

＊

＊

＊

なぜ私はこんなに賢いのか

1

私という存在の幸福は、もしかしたら私が唯一無二であることかもしれないが、それは、私という存在の宿命である。このことを謎めいて表現すれば、私が私の父なら、すでに私は死んでおり、私が私の母なら、まだ私は生きていて、年を重ねていく［ニーチェの父は１８４９年に36歳で亡くなり、母は１８９７年に71歳で亡くなっている］。私には、いわば命のハシゴの最上段と最下段という、二重の由来があるのだ。デカダンであると同時に**始まり**なのである。――まさにこのことによって（もしも何によって、と言うのなら）、あの中立、あの自由を説明することができる。生のあらゆる問題にかんして私は党派から自由であり、中立なのだが、そのため私は際立った存在になっているのかもしれない。上昇と下降の前兆にかんして私には、これまでどんな人間ももたなかった繊細な嗅覚がある。この点にかんして私は、このうえない教師なのだ。――私は、上昇と下降の両方をよく知っている。私は、上昇であり下降なのだ。――私の父は、36歳で死んだ。繊細で、親切で、病弱だった。通行人役しかもらえない俳優のようだった。――実際の人生というよりも、懐かしい人生の思い出だ。父の人生が下り坂になった同じ年に、私の人生も下り坂になった。36歳のとき、私は私の活力の最低点にまで落ち込んだ。――まだ生きてはいたが、3歩先を見ることもできなかった。当時――1879年のことだったが――、私はバーゼル大学の教授を辞めて、夏のあいだずっと影のようになってサンモリッツで過ごし、その後の冬は、私の人生でもっとも日光に恵まれない冬だったが、影**となって**ナウムブルクで過ごした。それが私の極小値《ミニマム》だった。『さすらい人とその影』が、そのあいだに生まれた。疑いもなく当時の私は、影のことをよく知っていた……。翌年の冬は、私のジェノヴァでの最初の冬だったが、どうやら血と筋肉が極端に少なくなったせいで、あらゆるものを甘美に、精神的なものにしてしまった結果、『朝焼け［＝曙光］』が生まれた。この作品に反映している、精神の完全な明るさと快活さ、そして精神の過剰でさえもが、私の場合、このうえない生理的な弱さだけでなく、過度の痛みの感覚にすら呼応しているのだ。3日間、絶え間ない頭痛に苦しめられただけでなく、粘液の嘔吐でぐったりした。その拷問のさなか、私は――弁証家として特別の明晰さを手に入れていた。そして、健康な状態のときには、よじ登る気もなく、取り組むだけの抜け目なさもなく、**冷静に**なることもできないような事柄を、非常に冷血に考え抜いた。もしかしたら私の読者なら、どの程度まで私が弁証法をデカダンスの徴候と見なしているか、ご存知かもしれない。たとえば、その一番有名な場合が、ソクラテスの場合だが。――病気のせいで知性がおかしくなったことなど、今日まで私は一度もない。熱のために頭がボーッとなったことさえ、一度もない。そういう状態がどんなもので、どれくらい頻繁に起きるものなのか、私は本を読んではじめて知った。私の血はゆっくり流れている。私に熱があることを、これまで誰も確認することができなかった。ある医者は、かなり長いあいだ、私が神経を病んでいると考えていたが、とうとうこう言った。「いや！　あなたの神経は問題ありませんね。私のほうが神経をやられているだけで」。どこを探しても、具合の悪い局部を見つけることができない。胃が痛くても器官の問題ではない。胃系統がどんなに弱り果てていても、それは全身疲労の結果なのだ。目の具合が悪くて、ときどき失明寸前にまでなるのだが、それも疲労の結果であって、目が原因なのではない。結局、生命力の回復とともに視力も回復した。——長い、あまりにも長い歳月は、私の場合、回復を意味している。しかし同時に、長い歳月は残念ながら、一種のデカダンスの再発、悪化、周期的回復をも意味している。というわけで私は、デカダンスの問題にかんして**経験豊か**なのだ、と言う必要はないだろう。私はデカダンスという単語のスペルを、前からでも後ろからでも書いてきた。手でつかんで理解するというあの金銀線細工の技術というものでさえ、ニュアンスを感じるあの指でさえ、「角を曲がったところの先まで見る」というあの心理学でさえ、またそれ以外にも、私の身についたものはすべて、当時はじめて習得された。それらは、あの時代ならではのプレゼントなのだ。あの時代、私は、すべてにおいて洗練された。観察することも、それからすべての観察器官も、洗練されたのである。病人の光学によって、**より健康な**概念と価値を調べてみること、そして今度は逆に、**豊かな**生の充実と自己確信から、デカダンスの本能のひそかな仕事を見下すこと——そういうことを私は、長い時間をかけて練習し、自分自身で経験した。もしも私がなにかの達人になったのなら、それは、**パースペクティブを切り替えることに**

おいてである。いま私はこのことをマスターしており、このことを自在にできるのだ。そしてこのことが、もしかしたら私だけが「価値の価値転換」ということができる、第一の理由なのだ。——

2

というわけで私は、私がデカダンであるということを別にすれば、デカダンとは正反対の人間でもあるのだ。その証拠として、なによりも私は、悪い状況に対して本能的に、いつも**適切な**手段を選んできた。デカダンでしかない人間なら、いつも自分に不都合な手段しか選ばないものだが。全体として見れば、私は健康だった。隅っこの特別な部分でだけ、私はデカダンだった。慣れた生活環境から抜け出して完全に孤独になろうとするあのエネルギー、私に対して、もう世話も看護も**医者の治療**も受けるなという強制——これらのことからわかるように、私は、当時なによりも必要だった**こと**を、本能によって無条件に確信していたのだ。私は私自身をコントロールして、私自身をふたたび健康にした。そのための条件は——どんな生理学者でも認めるだろうが――、**根っから健康であるということ**である。典型的に病弱な人間は、健康になることができない。ましてや自分自身を健康にすることなどできない。だが逆に、典型的に健康な人間にとって、病気であることは、生きようとさせる、もっと生きようとさせるエネルギッシュな**興奮剤**にすらなることがある。**今では**実際、私には当時の長い病気の時代がそんなふうに思える。つまり私は、生というものを、私自身をも含めて、いわば新たに発見したのだ。ほかの人間には簡単に味わえそうにないような、すべての良いものを、小さなものに至るまで味わったわけだ。――私は、健康への私の意思、**生**への私の意思から、私の哲学をつくったのである。……どうかこのことを忘れないでいただきたい。私の生命力が最低だった数年こそが、私がペシミストであることを**やめた**時期だったのである。自己回復の本能が、私に貧しさと落胆の哲学を**禁じた**のだ。……ところで**人間の出来のよさ**は、根本的にはどこで見わけられるのか！　出来のよい人間は、われわれに快感をあたえてくれる。出来のよい人間は、堅いだけでなく、しなやかで、いい匂いのする木で彫られている。それが目安だ。出来のよい人間は、からだにいいものだけをうまいと感じる。からだにいいものが限度を超えると、うまいとは思わず、食欲がなくなる。傷つくと手当ての仕方を察知する。

悪い偶然を自分の都合のいいように利用する。自分が殺されないかぎり、その相手によって自分をもっと強くする。見るもの、聞くもの、経験するものすべてから、本能的に収集して合計し、**自分の**総体とする。出来のよい人間は、選択の原理であり、多くのものをふるい落とす。相手が本であっても、人間であっても、風景であっても、つき合うとき彼はいつも**自分を**失わない。つまり、**選ぶこと**によって、**容認すること**によって、**信頼すること**によって、相手を尊敬するのだ。どんなものであっても刺激に対しては、ゆっくり反応する。それは、長年にわたって用心を重ね、誇りを意識することによって身につけた、あの反応速度である。——近づいてくる刺激を吟味し、距離をとって簡単には刺激を歓迎しない。彼は「不運」も「罪」も信じない。自分とも、他人とも、決着をつけている。**忘れる**ということができるのだ。——彼は十分に強いので、すべてのことが彼にとって好都合になる**しかない**のである。——いいだろうか、要するに、私はデカダンとは**正反対の人間**なのだ。というのも、私が述べてきたのは、まさに私のことなのだから。

3

あのような父をもったことを、私は大きな特権であると思っている。――というのも私の父は、2、3年アルテンブルクの宮廷で暮らした後、晩年は牧師だったのだが、――父の説教を聞いた農民たちには、牧師さんみたいなのが天使様なんだろうね、きっと、と言われていたからだ。――さて、ここで私は人種の問題に触れることにする。私は純血のポーランド貴族である。悪い血は一滴たりとも混じっていない。ドイツの血が混じっている可能性は一番小さい。私にもっとも深く対立しているもの、一掃することが不可能なほどの、本能の下品さを探すなら、そこにはいつも私の母と妹がいる。――こんな下司な連中と家族であると思うだけで、私の神々しさが冒瀆されるだろう。私の母と妹の側から今この瞬間まで私が受けてきた扱いを考えると、言うに言われぬ戦慄が私のからだを走る。ここには完璧な時限爆弾が仕掛けられている。間違いなく確実に、私が血まみれになる瞬間――私の最高の瞬間――を狙っているのだ。……というのもその瞬間には、毒虫に抵抗する力が一切ないのだから。……生理的に隣接していることが、そのような予定不調和を可能にするのだ。……だがここで告白しておこう。「永遠回帰」は、本当に**深い谷のような**私の思想であるのだが、それに対するもっとも深い異議は、つねに私の母と妹なのだ。――しかしポーランド人としても、私は、法外な隔世遺伝なのである。地上に存在するもっとも高貴なこの人種を、大衆のなかに、私が体現しているように本能的に純粋な形で発見するには、何世紀も昔に遡る必要があるだろう。こんにち貴族と呼ばれている者すべてを、私は気品ある卓越した感情をもって、見下ろしている。――若いドイツ皇帝が私の御者になりたいと言っても、私はその名誉を認めてやらないだろう。ただひとつだけ、私が私と同等であると認めているケースがある。――深く感謝してそれを告白しておこう。コージマ・ワーグナー夫人は、このうえなく高貴な気質の人物である。そして言い忘れないうちに言っておこう。リヒャルト・ワーグナーは、このうえなく私に似た男だった。……あとは、もう言わない［ハムレットの最後の台詞］。……親族の等級にかんする支配的な概念は、生理的には比類のないほどのナンセンスだ。ローマ法王は今日でもなおこのナンセンスと取引をしている。人が自分の両親と親族である可能性は、**もっとも小さい**。自分の両親と親族であるとしたら、それは、下品さのもっとも極端なしるしだろう。より高級な本性の人物たちの起源は、このうえなくはるか遠くの昔にまで遡る。その人物たちに遡るためには、収集と倹約と蓄積が必要だった。**偉大な**個人は、大昔の人たちである。私には理解できないことだが、ユリウス・カエサルが私の父であるかもしれない。——**あるいは**あのディオニュソスの化身、アレクサンドロス大王が、私の父であるかもしれないのだ。……私がこれを書いているこの瞬間に、郵便でディオニュソスの首が私のところに配達される。……

4

私は、人に反感をもたれる技術というものを理解したことがない。——これも私の比類なき父のおかげなのだが。——そして反感をもたれたほうが大いに結構と思われるときでさえ、それができなかった。それどころか、きわめて非キリスト教的に思われるかもしれないが、私は自分に反感をもったことさえなかった。私の人生を、あちこちひっくり返してもらってもいい。たった一度のケース［ニーチェの母と妹の場合］を別として、私はこれまでの人生で、誰かに悪意をもたれたことさえないのだ。——しかし、**好**意をもたれた痕跡なら、ちょっと多すぎるくらいあるかもしれない。……

誰もが悪印象をもつような連中でさえ、私とつき合うと、例外なく好印象をあたえるようになる。私は、どんなクマでも手なずけ、どんな道化者でも行儀よくさせる。7年間、バーゼルの高等学校の最上級のクラスでギリシャ語を教えたのだが、生徒に罰をあたえる機会は一度もなかった。どんなに怠け者の生徒でも私の授業では熱心だった。偶然に対して私はいつでも対応できる。準備をしていないでいるときにかぎって、私は私の主人であることができる。どんな楽器であっても、また「人間」という楽器がどんなに調子が狂っていても、——私は、病気でないかぎり、その楽器から、耳を傾けるべき音を引き出すことができる。そして「楽器たち」自身が、自分に**こんな**音が出せるなんて思ってもいませんでした、と告白するのを、私は何度聞いたことだろう。……もっとも美しい例は、許しがたいほどの若さで死んだハインリヒ・フォン・シュタインである。彼は、慎重に許可を得てから、3日間の予定でジルス・マリーアにやってきた。こちらにやってきたのは、エンガディーンの景色のため**じゃありません**からね、と、みんなに説明していた。このすぐれた人物は、プロイセンの地主貴族《ユンカー》に特有の激しい一本気で、ワーグナーの泥沼にはまり込んでいたのだが（——それだけでなくデューリングの泥沼にも！）、3日間の滞在で、自由の嵐に吹かれて人が変わったように、突然、**彼本来の**高みにもち上げられ、翼を得た者のようになった。私は彼に何度も言ってやったものだ。この高地の空気がいいからだよ。誰でもそうなるのさ。バイロイトより6千フィート高いところにいるのは、無駄じゃないんだ。——だが彼は、私の言葉を信じようとはしなかった。……という事情にもかかわらず、私に対して大小さまざまな悪事が企てられてきた。それは、相手の「意思」のせいではなかった。**悪**意のせいでももちろんなかった。むしろ私としては、——さっきほのめかしておいたが——相手の好意に文句を言うべきだったのだろう。好意のおかげで私は人生で小さくはない不都合を味わわされてきた。いろいろ経験した私には、いわゆる「無私の」衝動、助言や助力を惜しまないすべての「隣人愛」にかんして、不信感というものをいだく権利がある。隣人愛は、私にはそもそも弱さに思える。さまざまな刺激に対して抵抗できないという個別のケースに思えるのだ。——**同情**が美徳であるのは、デカダンたちのあいだでだけの話である。私は、同情する者を非難する。同情する者は、恥じらいの気持ちを、畏敬の念を、人と人とのあいだにある距離に対する繊細な感覚を、失いがちである。同情は、あっという間に賤民の臭いがするようになり、無作法と見分けがつかなくなる。同情の手は、大きな運命に差し伸べられ、傷を負って孤立しているところへ差し伸べられ、重い罪を担うという**特権**に差し伸べられて、場合によってはそれらをまさに破壊しかねないのだ。同情の克服を、私は**高貴な**徳だと考えている。だから私は「ツァラトゥストラの誘惑」として、大きな悲鳴がツァラトゥストラの耳に届く場面を描いたのだ。同情が最後の罪のようにツァラトゥストラに襲いかかろうとし、ツァラトゥストラをツァラトゥストラ自身から引き離そうとする場面である。そこで自分を失わず、自分を自分の主人にしておくこと。そこで、自分の使命の**高み**を、いわゆる無私の行為に見られるはるかに低劣で、はるかに近視眼的な衝動から、きれいに守ること。それが試練なのである。ツァラトゥストラのような人間が受けなければならない、もしかしたら最後の試練なのかもしれない。——その力を本当に**証明する**試練なのかも……

5

さらにもうひとつの点でも、私は、私の父のくり返しにすぎない。いわば、あまりにも早く死んだ父の人生の、続きを生きているようなものだ。自分と同等の者たちのなかで暮らしたことがないと、たとえば「同権」という概念にも、「報復」という概念にも縁がないわけだが、同様に私も、私の身にちょっと馬鹿げたことや、**非常に**馬鹿げたことが降りかかってきた場合でも、どんな対抗策も、どんな防衛策も、——また当然のことながら、どんな弁護も、どんな「弁明」も、自分に禁じている。私流の報復は、愚かさに対しては、できるだけすばやく賢さを送り届けること。そうやれば愚かさに負けないですむかもしれない。比喩で言えば、粒入りジャムのびんを送って、**すっぱい**話を聞かなかったことにするのだ。……たとえば私がちょっと意地悪されたとする。すると確実に、私はその「報復」をする。つまり私はすぐに機会を見つけて、「犯人」に（場合によっては、その「犯行」の）お礼を言うのである。——あるいは犯人になにかを**頼む**。なにかを頼むほうが、なにかを渡すより丁重である可能性がある。……また私には、粗野きわまりない言葉や、粗野きわまりない手紙のほうが、沈黙よりたちがよく、誠実であるように思える。沈黙している人間には、ほとんどいつも心の繊細さや礼儀正しさが欠けている。沈黙は抗議である。言いたいことを飲み込んでいると、当然、性格が悪くなる。——胃まで悪くなる。沈黙する人間は、みんな消化不良だ。——おわかりだと思うが、私は、粗野であることを見下したくない。粗野であることは、きわめて**人間的な**反論の形式なのだ。それは、優しさが主流の現代にあって、われわれの第一級の徳である。——粗野であるだけでなく豊かでもあるなら、不当なことをするのは、幸せですらある。もしも神が地上に降りてくるなら、不当なこと以外はなにひとつ**やら**ないだろう。——罰ではなく、**罪**を背負うことによって、はじめて神のようになるのだろう。

6

怨恨感情《ルサンチマン》に縛られていないこと、ルサンチマンのことをよく知っていること——結局このことも、じつはなんと、私が長いあいだ病気だったおかげなのだ！ルサンチマンの問題は、かならずしも簡単ではない。その力にかんしても、その弱さにかんしても、体験したということが必要なのだ。もしも、病気に対して、弱さに対して、なにかを非難する必要があるなら、それは、そういう状態では、人間がもっている本来の治癒本能、つまり**防衛・武装本能**が、もろくなるということである。どんなこともふり払えない。どんなことも片づけられない。どんなことも押し戻せない。——あらゆることに傷ついてしまう。人間や事物が押し寄せてきて、体験があまりにも深く胸に突き刺さり、思い出が化膿した傷になる。病気であるということは、一種のルサンチマンそのもの**なのだ**。――このことに対して病人には、たったひとつだけすばらしい治療法がある。――私はそれを、**ロシア流の宿命論**と呼んでいる。無抵抗という、あの宿命論だ。ひとりのロシア兵が、行軍があまりにもきついので、雪のなかに倒れこんでしまう。もうなにも受け取らず、なにも引き受けず、なにも口**のなかに**入れない。――まったく反応しなくなる。……この宿命論は、死ぬ勇気をかならずしも意味しているだけではなく、生命の危険が迫ったギリギリの状態で生命を維持させてもいるわけだ。この宿命論がもっている偉大な理性は、新陳代謝を低下させ、新陳代謝を緩慢にして、冬眠しようとする一種の意思なのである。この論理を2、3歩すすめれば、何週間も墓のなかで眠る修行僧になる。……**もしも**、どんなことにでも反応していれば、体力の消耗が早すぎて、まったく反応しなくなる。これがその論理である。そして人間をもっともすみやかに燃え尽きさせるものこそ、ルサンチマンの情動なのだ。怒り、病的なまでに傷つきやすいこと、復讐できないという無力感、復讐したい・復讐せずにはいられないという気持ち、どんな毒でも盛ること――これらは、消耗した者にとっては確かに不利な反応の仕方である。そしてそれらの反応に付随して、神経の力が急激に消耗する。また、たとえば胃へ胆汁が混入するように、有害な分泌が病的に昂進する。ルサンチマンは、病人にとっては**そもそも**禁じ手なのだ。――それは**病人のする**悪事である。であるだけでなく、残念ながら、ごく自然に病人が手を染めてしまうことでもある。――このことを、あの深遠な生理学者、仏陀は理解していた。その「宗教」は、むしろ**衛生学**と呼んだほうが、キリスト教のような哀れむべきものと混同しなくてすむ。仏陀の衛生学の効用は、ルサンチマンに勝つことだった。魂を**ルサンチマンから**解放すること――それが、健康回復への第一歩なのだ。「敵意によって敵意は消えず、友情によって敵意は消える」。これは、仏陀の教えの最初に書かれている言葉である。――道徳の言葉**ではない**。生理学の言葉である。――弱さから生まれるルサンチマンは、ほかの誰にとってよりも、その弱さをもっている者にとって有害なのだ。――人間としての豊かな本性が前提となっている別の場合では、ルサンチマンは**余分な**感情である。感情の主人でありつづけることは、ほとんど豊かさの証明になるわけだが。私の哲学は真剣に、復讐や遺恨の感情との戦いをはじめ、ついに「自由意思」の教えまでをも攻撃するようになったのだが――キリスト教との戦いはその個別ケースにすぎない――、その真剣さを承知している人なら、なぜ私が、私の実生活における個人的な態度を、私の**本能の確かさ**を、ここでわざわざ公表するのか、理解してくれるだろう。私のデカダンスの時代、私は復讐と遺恨の感情を、有害なものだとして自分に**禁じていた**。私の生がふたたび豊かになり、誇らしくもなったとき、すぐに私は、復讐や遺恨の感情を、私の**下位に**あるものとして禁じたのである。ほとんど耐えがたい状況や、場所や、住居や、つき合いが、私に偶然あたえられてから、前述のあの「ロシア流の宿命論」が私を訪ねてきたので、私は何年間も、それらをしっかり握りしめていたのだ。――それらを変えるよりは、それらを変えることのできるものとして**感じる**よりは、――それらに抵抗するよりは、ましだったのだ。……あの宿命論のなかで自分を揺さぶって、無理やり目覚めることは、当時の私には、死ぬほど悪いことだと思えた。――実際それは、毎回、死ぬほど危険だった。――自分自身のことをひとつの宿命のように受け取り、それとは「別の」自分を望まないこと――それが、そういう情勢のときには、**偉大な理性**そのものなのだ。

7

戦いとなると、話は別だ。私の流儀は戦闘的である。攻撃することが私の本能だ。敵に**なれる**こと、敵であること——それはもしかすると、強い天性を前提としているのかもしれない。いずれにしてもそれは、強い天性にはかならず備わっている資質だ。強い天性は抵抗を必要とする。したがって抵抗を**求める**。攻撃的なパトスは強さの属性だが、まったく同様に、復讐や遺恨の感情は弱さの属性である。たとえば女は復讐心が強い。それは女の弱さに備わっている資質である。同様に女は、見知らぬ人が困っていると神経過敏になる。——攻撃する者の強さは、彼が必要とする敵を、いわば**尺度**にして測ることができる。どんな人間の成長の度合いも、自分より強力な敵を——あるいは問題を——探し求めているかどうかで、見当がつく。というのも戦闘的な哲学者は、問題に対しても決闘を挑むからだ。そのとき彼の課題は、ともかく抵抗に負けずに勝てばいい、**ということではない**。自分の力としなやかさと武術の限りを尽くして戦わなければならないような相手に、——つまり**自分と対等の**相手に、負けずに勝つということなのだ。……敵と対等であること——それが、**誠実な**決闘の第

1の前提である。自分が軽蔑している相手**とは**、戦うことが**でき**ない。自分が命令するような相手とは、自分が**見下して**いるようなものとは、戦う**必要が**ない。私が実施する戦いは、4つの要項にまとめることができる。まず第1に、私が攻撃するのは、勝ち組だけだ。――場合によっては、相手が勝ち組になるまで、私は待つ。第2に、私が攻撃するのは、私と同盟を結ぶ者がいないときだけである。つまり、私が孤立無援のときだけだ。――面目をつぶすのが私だけのときである。……私の面目をつぶさないようなときに、私は公に一度も攻撃したことがない。これが、正しい行動についての私の判断規準である。第3に、私はけっして個人を攻撃しない。――強力な拡大鏡として個人が使えるときにしか、攻撃の対象にしない。世の中が非常事態になっているのに、事態がこっそり忍び足で進行していて、それがほとんど把握できないときに、拡大鏡を使えば、はっきり見えるようになるからだ。だから私は、ダーフィト・シュトラウスを攻撃した［ニーチェは『反時代的考察』のなかで、ダーフィト・シュトラウスを教養の俗物として攻撃している］。より精確にいえば、私は、老いぼれた本がドイツの「教養」界でおさめた**成功**を攻撃した。――ドイツの教養を現行犯で取り押さえたのである。……同じように私はワーグナーを攻撃した。より精確にいえば、われわれの「文化」が偽物であることを、われわれの「文化」が本能において中途半端であることを、攻撃したのだ。抜け目ない人間を豊かな人間だと勘違いし、遅れた人間を偉大な人間だと勘違いしているのだから。第4に、私が攻撃するのは、個人間の衝突が一切なく、嫌なことを経験したという背景もないときだけである。それどころか、攻撃することは、私の場合、好意のしるしであり、事情によっては感謝のしるしなのだ。私は私の名前を、ある事柄やある人物に結びつけることによって、それらに敬意をあらわし、それらを顕彰するのである。敵にするのか、味方するのかは――私にとっては同じことだ。私はキリスト教に戦いを挑んでいるが、私にはその資格がある。なぜなら、キリスト教の側から嫌なことをされたり、邪魔をされたことがないからだ。もっともまじめなキリスト教徒は、私にいつも好意を寄せてくれていた。私自身は、キリスト教にとって必要不可欠な敵対者であるが、何千年もの宿命を、個人のせいにして根にもとうとは思ってもいない。――

8

最後に、私の天性の特徴をもうひとつ暗示させていただいてもいいだろうか。そのおかげで私は、人との交際でなかなか苦労しているのである。私にはきれい好きの本能があり、きれいであることに対して、まったく不気味なほど過敏なのだ。どんな人が目の前にいても、私はその人の魂の近くを、あるいは——なんと言えばいいのだろうか——その人の魂の最奥、つまり「内臓」を、生理的に知覚して——**嗅ぎわけている**。……この神経過敏のせいで、心理的な触角をもっている私は、どんな秘密にも触れて、それを手に入れてしまう。人の天性の底には汚れが、**ひっそりと**たくさん溜まっている。その汚れは、もしかしたら悪い血のせいかもしれないけれども、教育によって上塗りされて隠されているのだが、私は、ほとんど初対面でそれに気づく。私のきれい好きを困らせてくれる天性をもった連中も、逆に連中なりに、私が吐きそうなのを堪《こら》えているのを感じている。だからといって連中が、いい匂いになるわけではないが。……これが習い性となってしまい、——自分に対する極度の潔癖症が、私の生存の前提である。きれいではない状況だと、私は死んでしまう。——だから私は、いわばたえず水のなかにいて、つまり、なにかしら完全に透明で光り輝く元素のなかにいて、泳いだり、からだを沈めたり、パチャパチャしているのだ。というわけで人との交際は、私にとってなかなか結構な忍耐力テストになっている。私の人間愛は、相手の人に共感すること**ではなく**、私が相手の人に共感することに**耐えること**なのだ。……私の人間愛とは、たえず自分を克服することである。——しかし私に必要なのは、**孤独**である。つまり、健康を回復することであり、自分に帰ることであり、自由に軽やかにたわむれている空気を吸うことである。……私のあの『ツァラトゥストラ』は、**孤独**に捧げた頌歌である。あるいは、私が書いてきたことを理解してもらえるなら、**きれいであること**に、純粋であることに捧げた頌歌である。……幸いにも、**純粋な愚かさ**に、まじりけのない愚かさに捧げた頌歌ではないが「ワーグナーは楽劇『パルジファル』の主人公パルジファルを「純粋な愚か者」としていた」。——色を見る目をもった人なら、ツァラトゥストラのことをダイヤモンドと呼ぶだろう。——人に対する、「ならず者」に対する**吐き気**が、いつも私にとって最大の危機だった。……ツァラトゥストラは、吐き気から**救われた**話をしているが、その言葉を聞いてみようではないか。

だが何が起きたのか？　どうやって俺は吐き気から救われたのか？　誰が俺の目を若返らせてくれたのか？　どうやって俺は、泉のほとりでならず者がいない高さまで、飛びあがったのか？

吐き気が俺に翼をあたえてくれたのか？　泉を予感する力をあたえてくれたのか？　じっさい、俺は一番高いところにまで飛ばなければならなかった。快楽の泉をふたたび見つけるために！——

おお、兄弟よ、見つけたぞ！　この一番高いところには、快楽の泉が湧いている！　そして生命の水があるが、ならず者には飲むことができない！

快楽の泉よ、湧き出てくる水の勢いは、俺には激しすぎるほどだ！　しばしば俺の杯《さかずき》を空っぽにしてくれるが、杯にたっぷり注《そそ》いでくれるつもりだからなんだな！

そして俺はもっと控えめに、お前に近づけるようにならなければならない。あまりにも激しく俺の心臓はお前を求めて高鳴っている。

——俺の心臓のうえで、俺の夏が燃えている。短くて、暑くて、憂鬱で、幸福すぎる夏。俺の夏の心臓は、どんなにお前の涼しさにあこがれていることか！

俺の春の、ためらうような悲しみが、去った！　6月の、俺の雪片の意地悪が、消えた！　俺はすっかり夏になった！　夏の正午だ！——

——一番高いところにある夏。冷たい泉と至福の静けさがある。おお、友よ、来てほしい。静けさがもっと至福になるように！

なにしろここが、**俺たち**の高さであり、俺たちの故郷なのだ。俺たちの住んでいるこの場所は、あまりにも高くけわしいので、不潔な連中や連中の渇望が近づくことはできない。

友よ、君たちの清らかな目を、俺の快楽の泉に投げこんでくれ！　どうして泉が濁ることがあるだろう！　泉には**その**清らかさで、君たちを笑って迎えてもらおう。

未来という木に俺たちは巣をつくる。鷲には、孤独な俺たちのために料理をくちばしで運んでもらおう！

じっさい、その料理を、不潔な連中はいっしょに食べることができない。もしも手を出したら、火を食べてるのではないかと思い、口にやけどするだろう！

じっさい、ここでは不潔な連中のための住まいは用意していない。連中のからだや精神にとって、俺たちの幸せは氷の洞穴のように思えるだろう！

そして連中のはるか頭上で、俺たちは強い風のように生きよう。鷲の隣人として、雪の隣人として、太陽の隣人として。強い風はそんなふうに生きる。

そしていつか、一陣の風のように俺は、連中に息を吹きかけてやる。俺の精神で連中の精神から息を奪ってやる。俺の未来が、そう望んでいるのだ。

じっさい、ツァラトゥストラはすべての低地にたいして、強い風である。ツァラトゥストラは、その敵と、つばを吐くすべての者にたいして忠告する。

「**風にむかって**つばを吐くのはやめろ！……」

［『ツァラトゥストラ』第２部「ならず者について」］

なぜ私はこんなに利口なのか

1

——なぜ私には、人よりたくさん知っていることがあるのか？　なぜ私は、そもそもこんなに利口なのか？　問題ではない問題を、私は考えたことなどない。——私は自分を浪費したことがない。——たとえば、本当に宗教的な難問など、私の経験では知らないのだ。どれくらい私が「罪深い」存在であるのか、一度も悩んだことがない。同様に私には、良心の呵責がどういうものであるのかについて、信頼できる判断規準が欠けている。そのことについて人の話を聞いたところによると、良心の呵責など、顧慮にあたいするものとは思えない。……私はなにか行動したら、後になってからそれを見捨てるようなことはしたくない。不都合な結果になっても、それはその行動の

帰結なのだから、原則として価値判断の対象から外すことにするだろう。結果が不都合な場合、自分のやったことを**適切に**判断する視線が、失われがちになるものだ。良心の呵責は私には、魔女の「**邪悪な**視線」のようなものに思えるのだ。うまくいかなかった**からこそ**、うまくいかなかったそのことに敬意を払いつづける——ということのほうが、たしかに私の道徳律にかなっている。——「神」、「魂の不滅」、「救い」、「彼岸」、これらは、私が注意を払ったこともなければ、時間を割いたこともない概念ばかりだ。子どものときだって、そんなことはしなかった。——もしかしたら私には、そんなことをするほど子どもらしい時代がなかったのかもしれない？——私が無神論に親しんでいるのは、考えた結果では絶対にない。ましてや出来事として経験したわけでもない。私の本能では無神論が当然なのだ。私はあまりにも好奇心が強く、あまりにも**質問するのが好き**で、あまりにも傲慢なので、大雑把な答えに満足できないのだ。神というのは、大雑把な答えである。われわれ考える人間にとっては、まずい料理である。——それどころか、要するに、われわれに対して「汝、考えることなかれ！」——と戒《いまし》めるだけの大雑把な**禁止**にすぎないのだ。……それとはまったく別の問題に私は興味がある。どこかの神学者の骨董品のような問題よりは、ずっと「人類の幸こうなせ」にかかわることだ。**栄養**の問題である。この問題を日頃から考えるためには、こういうふうに言うことができる。「まさに**君が**だね、力を、ルネサンス風の徳《ヴィルトゥ》を、道徳素の添加されていない徳をだよ、最大限、手に入れるためには、どのようにして栄養をとるべきか？」――この問題にかんして私の経験は、お粗末きわまりない。驚いたことに私は、この問題をこんなに遅くなってから知ったのだ。そしてこのお粗末な経験によって、こんなに遅くなってから「理性」というものを学んだのである。なぜ私がこの問題にかんして聖人なみに時代遅れだったのか。ある程度それを私に説明してくれるのは、われわれのドイツ的な教養がまったく役に立たないということ――その「理想主義」――だけである。その教養は最初から、**現実や事実**を見ないことを教える。どう考えても疑わしい、いわゆる「理想的な」目標を、たとえば「古典的な教養」を、追いかけるためだ。――まるで、「古典的」と「ドイツ的」をたったひとつの概念にまとめることは、最初から有罪と決まったわけではありません、と言わんばかりに！　それどころか、――「古典の教養がある」ライプツィヒ市民なんてものを想像するだけで！――笑い話になるだろう。実際、私は熟年になるまでずっと、**ひどいもの**しか食べてこなかった。――道徳の言葉に翻訳すると、料理人や仲間のキリスト教徒の平安のために、「個性のない」や「無私」や「利他的」しか食べてこなかったのである。たとえばライプツィヒ料理によって私は、それは私がショーペンハウアーを研究しはじめた時期（１８６５年）でもあるのだが、それこそ本気になって自分の「生への意思」を否定したものだ。栄養不良になるために胃までダメにする――という問題を、ライプツィヒ料理が驚くほど上手に解決しているように私には思えた。（噂によると、１８６６年がこの問題に転機をもたらしたということだが――）。しかしそれにしてもドイツ料理というものに――このドイツ料理にこそ、すべての責任があるのではないか！　スープは食事の**前に**（これは、16世紀のヴェネツィアの料理本でもドイツ風《アラ・テデスカ》と呼ばれている）。煮込みすぎた肉と、こってり油と粉にまみれた野菜。文鎮と見間違えるほどの粉ケーキ！　さらにそれに加えて、昔気質の、いや、たんに**昔気質**だけではないのだが、ドイツ人の、まさに牛飲とでも呼ぶべき食後の飲酒癖を考慮すれば、**ドイツ精神**の由来も理解できる。――もたれた内臓に由来しているのだ。……ドイツ精神は消化不良で、なにもこなしきれない。しかし**イギリス式の**食餌も、ドイツ式と比べれば、いやフランス式と比べても、「自然への回帰」のようなものである。つまりカニバリズムへの回帰であり、私自身の本能はそれをまったく受けつけない。私には、それが精神に**重い**足を——イギリス女の足をくっつけているように思えるのだ。……最上の料理は、ピエモンテの料理である。アルコール類は、私には不都合だ。1日にワイン1杯かビール1杯飲むだけで、私の生活は完全に「嘆きの谷」になってしまう。——ミュンヘンには私とは正反対の連中が暮らしている。ちょっと遅れてそれがわかったとしても、私は実際、よちよち歩きの頃から**体験して**いたのだ。子どものとき私は、ワインを飲むのはタバコを吸うのと同じで、最初は若者の虚栄にすぎないが、後になって悪習となるのだ、と思っていた。もしかすると私がこういう**渋い**判断をしたのは、ナウムブルクのワインのせいもあるかもしれない［子どもの頃、ニーチェはナウムブルクに住んでいた］。ワインが**気持ちを晴れやかにする**、ということを信じるためには、私がキリスト教徒である必要があるのではないか。ということは、まさに私にとっては不条理なことを、信じることになるわけだ。ものすごく薄めたアルコールをちょっと飲むだけで、私は猛烈に調子がおかしくなるのだが、奇妙なことに、**大量に**飲んだときには、ほとんど水夫のように威勢がよくなる。すでに子どもの頃から、私はこの点にかんして勇敢だった。あるとき、長いラテン語の論文を、ペン先には、厳しさと簡潔さでは私のお手本のサルスティウス［ローマの歴史家・政治家］に負けないぞという野心をこめ、一番強いグログ酒を私の書いたラテン語に何滴かこぼしながら、ひと晩寝ないで書き下ろしてから、清書までしたことがあった。まだ私が名門プフォルタ学院の生徒のときの話だが、それは、私の生理学にも、また、もしかしたらサルスティウスの生理学にも、少しも矛盾する話ではなかった。――名門プフォルタ学院の校風には大いに矛盾したとしても。……後で、人生の半ばにさしかかった頃、私はもちろんますます厳しく、「酒精《ガイスト》を含んだ」すべての飲料を自分に**禁じた**。私は、私を改宗させてくれたワーグナーとまったく同様に、経験から菜食主義には反対なのだが、**いくぶんでも精神《ガイスト》的な**気質のすべての人には、アルコール類を厳禁するよう、心からすすめておこう。**水**で十分なのだ。……私にとって好ましいのは、どこへ行っても流れる泉から水が汲める場所のある町だ（ニース、トリノ、ジルス）。小さなコップが犬のように私のお供をする。葡萄酒《ワイン》のなかに**真実**あり。ここでも私は、「真実」という概念にかんして、世間一般とは意見が合わないようだ。――私の場合、精神《ガイスト》は**水**のうえに漂っている［ゲーテの詩「水のうえに漂う聖霊《ガイスト》の歌」を踏まえている］。……さらに2、3の指針を私の道徳律から。しっかり食べるほうが、少食でありすぎるより消化にいい。胃全体が活動することが、良い消化の第1の前提なのだ。自分の胃の大きさを**きちんと知って**おくこと。同じ理由から、私が途切れ途切れの犠牲祭と呼んでいる、コース料理のように、だらだらと食べることは避けるべきだ。——間食はしない。コーヒーは飲まない。コーヒーは気分を暗くする。**紅茶**は、朝飲んだときだけ、からだにいい。量は少なく、濃いものを。ほんのわずかでも薄すぎると、紅茶は非常に不都合で、一日中、気分が悪くなる。濃さの目安は、それぞれ人によって違う。しばしば、きわめて狭い範囲でじつに微妙に違う。非常に不快な気候では、最初に紅茶を飲むことはすすめられない。紅茶を飲む1時間前に、1杯の濃い脱脂ココアをまず入れてもらうのがいい。——腰を下ろしていることをできるだけ少なくすること。戸外で自由に運動しながら生まれたのではないような思想、——筋肉も祭りに参加していないような思想は、信用しないこと。すべての偏見は、内臓からやってくる。——腰を下ろしたままでいることは、——すでに私の言ったことだが「『偶像の黄昏』〈格言と矢〉34」——聖霊にそむく本当の**罪**である。——

2

栄養の問題と密接な関係があるのが、**土地**と**気候**の問題である。自由に、どこにでも暮らせる人はいない。そして、全力が要求されるような大きな使命をかかえている者は、選択の幅が非常に狭くさえなる。気候が**新陳代謝**におよぼす影響、新陳代謝を抑制したり促進したりする影響は、とても大きいため、土地や気候を選びそこなうと、自分の使命から遠ざけられるだけでなく、使命そのものを取り上げられることにもなってしまう。使命の顔を見ることができなくなる。動物的な活力が十分な大きさにならなかったので、精神的な高みに達するようなあの自由には、「**それ**ができるのは私だけだ」と気づくような場所には、届かない。……ほんのわずかでも内臓が活力をなくして、それが悪い習慣になるだけで、天才は、すっかり凡庸なもの、「ドイツ的なもの」になってしまう。頑丈で、英雄的でさえある内臓をしょんぼりさせるには、ドイツの気候のなかに置くだけで十分である。新陳代謝のテンポは、精神の**足**がよく動くか、それとも麻痺しているか、に精確に比例する。「精神」そのものが、新陳代謝の一種にほかならないのだ。いろいろな土地をいっしょに並べてみてほしい。才気のある人たちが昔も今も暮らしている土地、機知、洗練、悪意が幸福の要件であった土地、天才がほとんど必然的に住み着いた土地。どの土地も空気がすばらしく乾燥している。パリ、プロヴァンス、フィレンツェ、エルサレム、アテネ――これらの名前が証明しているように、天才の**条件**とは、乾燥した空気、澄んだ空なのだ。――つまり、活発な新陳代謝であり、法外ともいえるほど大量の大きな力をくり返し自分に供給できる可能性なのである。私の目に浮かぶ実例がある。自由ですぐれた精神の持ち主が、気候について本能的な繊細さを欠いていたばかりに、狭量で、卑屈で、自分の専門しかわからない、不機嫌な人間になってしまったのだ。そして私自身も、もしも病気をしていなかったら、理性に目を向け、現実における理性の役割についてじっくり考えるということを強いられもせず、結局、この実例のようになっていたかもしれない。今では私は、気候や気象の影響を、長年の練習によって、非常に精密で信頼できる測定器である私のからだで、読み取ることができる。たとえばトリノからミラノへのような短い旅のときでも、大気の湿度の変化を自分のからだで生理的に確認することができる。だから以前の**不気味な**事実を思い出すと、驚いてしまう。つまり、命の危険があった最近の10年間は別として、いつも私の人生が営まれてきたのは、まちがった土地、まさに**禁断の**土地でしかなかったのだ。ナウムブルク、プフォルタ学院、テューリンゲン全般、ライプツィヒ、バーゼル――これらはどこも、私の生理学にとって不幸な土地である。私には子どもの頃も若者のときも、歓迎できるような思い出が一切ないのだが、そこに、いわゆる「道徳的な」原因を持ち出すのは愚かなことだろう。――たとえば、**満足できるような**交友関係が欠けていたことは、疑いようのないことだが、それは今も変わりのない事実であるし、だからといってめげることなく、私は快活であり勇敢でもある。だが問題は、私が生理学を知らなかったことだ。――私は「理想主義」に呪われていたのである。――このことこそが、私の人生において実際、命取りになるような不幸なのだ。「理想主義」は、人生における余計なものであり、馬鹿なものである。なにひとつ良いものを生まず、埋め合わせようもなく、償いようもないものなのだ。この「理想主義」の結果が、自分の犯したすべての過ちであり、私の人生の**使命**から逸脱した、本能の迷いや「謙遜」のすべてである、と私は理解している。たとえば私は文献学者になったのだが、――せめて、どうして医者にならなかったのだろう？　医者でないにしても、目を開かせるような仕事に就かなかったのだろう？　私のバーゼル時代、私の精神の食餌は、毎日の時間割も含めて、すべてが、並外れた力をまったく無意味に浪費することだった。力を補給して浪費をカバーすることもなく、浪費と埋め合わせについてじっくり考えることすらしなかった。もっと繊細に自分というものを保つことも、支配者のように命令する本能を**庇護**することも一切なかった。自分を誰かと同じにすること、「自分がないこと」、相手との距離を忘れること――それは、私が自分にけっして許さないことだ。私がほとんど終わりかけたとき、私がほとんど終わりかけている**という事実**によって、私は、私の人生の根本的な非理性――つまり「理想主義」――のことをじっくり考えるようになった。**病気**が私をはじめて理性へと導いてくれたのである。――

3

栄養における選択、気候と土地の選択、――そして3番目だが、どんなことをしても間違えてはならないのが、**各人**にふさわしい**保養**の選択である。この場合でも、精神は独自のものだから、独自さの度合いに応じて、各人に許される選択の、つまり各人に**有効な**選択の幅が、ますます狭くなる。私の場合、どんな**読書**でも保養になる。

つまり、私を私から解放してくれる。見知らぬ学問や魂のなかを散歩させてくれる。――私はもう真剣に考えなくてすむのだ。読書は、真剣な**私**から私を引き抜いてリラックスさせてくれる。仕事に没頭しているとき、私のそばに本は一冊もない。私の近くで誰かがおしゃべりすることがないよう、いやそれどころか、考えたりすることがないよう、私は用心する。そういう用心をしなくてすむのが、読書というわけだ。……妊娠すると、精神が、実際にはからだ全体が、ものすごく緊張するが、そんなときに偶然が、つまり外からのあらゆる種類の刺激が、猛烈に働いて、あまりにも深く「命中する」。そういうことを実際に目撃した人はいるだろうか？　その偶然、その外からの刺激は、できるだけ避ける必要がある。壁を作って自分を守るということは、精神が妊娠したとき、本能が最初に見せる利口な方策なのだ。**見知らぬ**思想がこっそり壁をよじ登ってきたら、私はそれを許すだろうか？――それを許すのが、読書というわけだ。……仕事と出産の時期につづくのが、保養の時期だ。さあ、おいで、お前たち、楽しい本たちよ、才気あふれる本たちよ、思慮深い本たちよ！――それはドイツの本だろうか？……半年前まで遡らなければ、私は、本を手にもっている私を現場で押さえることができない。それは何の本だった？――ヴィクトル・ブロシャールのすぐれた研究書『ギリシャの懐疑家たち』だ。その本には、私のラエルティオス論がうまく使われている。懐疑家というのは、2通りから5通りまでの意味をもつ多義的な民族である哲学者のなかで、**尊敬に値する**唯一のタイプなのだ！……普段の私が逃げ込むのは、同じような本である。要するに限られた数の、まさに私向きだと**証明された**本である。多くの本、多くの種類の本を読むのは、もしかしたら私の流儀ではないのかもしれない。書斎は私を病気にする。多くを、多くの種類を愛することも、私の流儀ではない。新しい本に対する用心、いやそれどころか敵意のほうが、「寛容」とか、「雅量」とか、その他の「隣人愛」よりも、きっと私の本能に合っている。……要するに、私がいつも戻っていくのは、限られた数の、どちらかといえば古いフランス人たちのところなのだ。私が信じているのは、フランス的な教養だけである。それ以外のヨーロッパで「教養」と呼ばれているものは、どれも誤解だと私は思っている。ドイツ的な教養などは論外だ。……私がドイツで見つけた高い教養の、ごくわずかな例は、どれもフランスに由来している。とくにコージマ・ワーグナー夫人は、私の聞いたかぎり、趣味の問題では、ずば抜けて第一級の発言をしている。……私はパスカルを読むのではなく、**愛している**。私にとってパスカルは、キリスト教の犠牲としてもっとも教訓に富んでいる。最初はからだを、それから心理を、ゆっくり殺されていったのだが、その身の毛もよだつ非人間的な残酷さの形式を、パスカルは論理として体現している。私はモンテーニュのいたずら心を、精神に、いや、もしかしたらからだにも、すこし持っている。私の名人芸趣味は、モリエール、コルネイユ、ラシーヌという名前を、シェイクスピアのような乱暴な天才に対抗するものとして、すこし憤怒をいだきながらも擁護するものである。こうやって昔の名前を並べてきたが、だからといって、最近のフランス人が私にとって魅力的な仲間であることまでが否定されるわけではない。歴史上どの世紀を見渡しても、好奇心があると同時にデリケートな心理学者をまとめて釣り上げることができる場所は、現在のパリ以外にはないのではないか。試しに——というのも、その人数が少なくないからだが——その名前をあげてみると、ポール・ブールジェ、ピエール・ロティ、ジプ、メイヤック、アナトール・フランス、ジュール・ルメートルの諸氏になるが、この強力な種族のなかからひとりだけ名前をあげるなら、私が特別な好意を寄せている生粋のラテン人、ギィ・ド・モーパッサンだ。ここだけの話だが、私は**この**世代を、その偉大な師匠たちなんかよりも贔屓《ひいき》にしている。師匠たちときたら、そろいもそろってドイツ哲学によってダメになってしまっているのだ。たとえばテーヌ氏はヘーゲルのせいで、偉大な人間や時代を誤解している。ドイツの影のあるところ、文化が**ダメになる**。戦争によってようやくフランスの精神は「救われた」のだ。……スタンダールは、私の人生でもっとも美しい偶然のひとつなのだが、——というのも私の人生で画期的なことはすべて、偶然によって得られたものであって、誰かに勧められたものではないのだから、——スタンダールは、先を見通す心理学者の目によって、また、当時最大の事実ともいうべきものの近くにいたことを思い出させる(爪によってナポレオンを知る「「爪によってライオンを知る」のもじり」——)事実の把握力によって、測りしれないほど貴重な存在である。最後にまた彼は、**誠実な**無神論者としても、少なからず貴重な存在である。フランスではほとんどお目にかかれない希少種だ。——プロスペル・メリメにも敬意を表しておこう。……もしかしたら、かく言う私は、スタンダールに嫉妬しているのかもしれない? あの無神論者の最上の警句は、この私だって言えたのに、それを横取りされたのだから。「神の唯一の弁明は、自分は存在していないと言うことである」。……私自身、どこかで「『偶像の黄昏』〈4つの大きな間違い〉8」こんなことを言っているのだ。目の前にある存在に対する反論で、これまでのうち最大のものは？　それは、**神**。……

4

最高の抒情詩人というものを私に教えてくれたのは、**ハインリヒ・ハイネ**である。私は数千年来のあらゆる国を探しているのだが、ハイネに匹敵するような甘美で情熱的な音楽を見つけることができない。ハイネにはあの、神の悪意があった。神の悪意がないと私は完全なものを考えることができない。——私は、人間の価値、人種の価値を査定するとき、どれくらい必然的にその人間やその種族が神を、半人半獣《サテュロス》から切り離さないで理解することができるかどうか、を尺度にしている。——そしてハイネはドイツ語をなんと見事にあつかっていることだろう！　後世では、こう言われることだろう。ドイツ語のあつかいにかけて、ハイネと私がとびきり第一級の名手だった、と。——並みのドイツ人の書いたドイツ語とは、まったく雲泥の差だ、と。——**バイロン**の『マンフレッド』と私の血のつながりは深い。——13歳のとき、私はこの作品がわかるほどに成熟していた。目の前に『マンフレッド』があるのに、あえて『ファウスト』と言おうとする連中に対して、私はなにも言わず、ちらっと流し目をくれてやるだけだ。ドイツ人は、偉大さという概念を理解することが**できない**。その証拠がシューマンである。私は、この甘ったるいザクセン人に対する憤怒から、『マンフレッド序曲』に対抗する序曲を、自分で作曲したのだが、指揮者のハンス・フォン・ビューローにこう言われた。こんな代物が、五線紙に書かれてるなんて見たことがないね。こいつは、音楽の女神《エウテルペ》への強姦だ。――私が**シェイクスピア**に捧げる最高の公式を探すなら、カエサルというタイプを構想した人、という表現しか思いつかない。カエサルのようなタイプは、推測では書けない。――書き手がそうなのか、そうでないのか、でしかないのだ。偉大な作家は、自分の現実から汲んだもの**しか**書かない。――後になって自分の作品が手に負えなくなってしまうほどに……。私は、私の『ツァラトゥストラ』をちらっとのぞいただけで、こみ上げてくるすすり泣きをどうしても抑えることができず、半時間は部屋のなかをうろうろしてしまう。――私が本を読んで、心を一番かきむしられるのは、シェイクスピアだ。ひとりの人間が、こんなふうに道化になるしかないのだから、よほど大変な苦悩があったにちがいない！――ハムレットは**理解**されるのか？　疑いではなく、**確信**こそが、人を狂気にするのだ。……そう感じるためには、しかし、われわれは深くなければならない。深い谷でなければならない。哲学者でなければならない。……われわれはみんな、真実を**恐れて**いるのだ。……そして告白すれば、私は、ベイコン卿こそが、こういう不気味な文学の創始者であり、自分という動物の虐待者であると、本能的に確信している「フランシス・ベイコンがシェイクスピアである、という説もある」。混乱して平板なアメリカ人の哀れむべきおしゃべりは、**私の**知ったことではない。しかし幻視の力が猛烈な現実になることと、猛烈な力が行為に、途方もない行為に、犯行になることとは、たんに両立するだけでない。——**幻視の力は、猛烈な力そのものを前提にしているのだ。**……われわれは、ベイコン卿のことを、言葉のすべての偉大な意味における最初の現実主義者《リアリスト》のことを、まだまだ十分には知らない。だから彼がいったい**何**をしたのか、**何**を欲したのか、**何**を身をもって体験したのか、知らないのである。……それにしても哀れなのは、批評家諸君だ！　もしもかりに、私が私の『ツァラトゥストラ』を、他人の名前で、たとえばリヒャルト・ワーグナーの名前で出版していたら、これから2千年は、明晰な批評家でも、『人間的な、あまりに人間的な』の著者が、ツァラトゥストラを幻視した人物であると見破ることはできないだろう。……

5

私の人生の保養を話題にしているこの場所で、私の人生においてははるかに深くねんごろに私を保養させてくれたものに対して、どうしてもひとことお礼を述べておきたい。それは、疑いもなく明らかにリヒャルト・ワーグナーとの親交だ。ほかの人間関係なら、簡単に手放せる。だがトリープシェンでの日々は、どんなことがあっても私の人生から消したくはない。信頼と、快活さと、崇高な偶然と——**深い**瞬間に満ちた日々だった。……ほかの人がワーグナーと何を体験したのか、私は知らない。だが私たちがふたりで見上げた空には、通り過ぎる雲ひとつすらなかった。——そしてここでもう一度、話はフランスに戻るのだが、——ワーグナー崇拝者とその同類は、ワーグナーと**自分たち**が似ていると思うことによって、ワーグナーに敬意を表しているつもりになっているが、私は、彼らに反論する気はない。ただ口もとを軽蔑でちょっとゆがめるだけだ。……もっとも深い本能において私は、ドイツ的なものとは一切なじめず、ドイツ人が近くにいるだけで、消化不良になるほどの人間なのだが、ワーグナーとはじめて接触したとき、私は人生で実際はじめて安堵のため息をついた。私はワーグナーを、**外国**として、あらゆる「ドイツ的な徳」に対立する生きた抗議として、感じ、尊敬したのだ。――１８５０年代の泥沼のような空気のなかで子ども時代をすごしたわれわれは、「ドイツ的」という概念に対して必然的にペシミストなのである。われわれは、絶対に革命家以外の者になることはない。**意気地なしで移り気なやつ**がのさばっているような状態を、われわれは認めないだろう。そんなやつが今日、別の色の衣装で演技をしても、つまり、緋色の衣をまとおうが、軽騎兵の軍服で身を固めていようが、私にはまったく同じことなのだ。……よろしい！　ワーグナーは、革命家だったのだ。――ワーグナーは、ドイツ人のところから逃げ出した。……**アーティスト**として生きるには、ヨーロッパではパリ以外に故郷はない。ワーグナーの芸術の前提である、五感の芸術感覚すべてにおける繊細さ、ニュアンスがわかる指、心理の脆弱さは、パリにしかない。形式の問題にあれほど情熱を傾け、舞台の演出にあれほど真剣であるのは、パリ以外にはない。――それはパリ特有の真剣さだ。パリの芸術家の魂のなかでうごめいている猛烈な野心は、ドイツではまったく理解されない。ドイツ人はお人好しである。――ワーグナーは絶対にお人好しではなかった。……しかし、ワーグナーがどこに属しているのか、誰を一番近い親族としているのか、について私はすでに十分に書いてきた（『善悪の彼岸』256ページ以降［とニーチェは書いているが、256番の文章のこと］）。それはフランスの後期ロマン派である。ドラクロアや、ベルリオーズのように、空高く飛び、空高くまで人をさらっていく、あの芸術家たちである。もともと病気や不治の器質で、**表現**に命をかける狂信家ばかりであり、根っからのヴィルトゥオーゾたちである。……最初にワーグナーに依存するようになった**知的な**人物は、いったい誰だったのか？　シャルル・ボードレールだ。最初にドラクロアを理解した人物であり、当時のアーティストの誰もから同一視されたあの典型的なデカダンである。——もしかしたらボードレールが最後のデカダンであったのかもしれない。……なぜ私はワーグナーを許さなかったのか？　彼がドイツ人に**へりくだった**からだ。——帝国ドイツ的になったからだ。……ドイツの影のあるところ、文化が**ダメになる**。

6

じっくり考えてみると、もしもワーグナーの音楽がなかったら、私は私の青春を耐えることができなかっただろう。というのも私は、ドイツ人であるという**有罪判決を受けていた**のだから。耐えがたい重圧から逃れようと思えば、大麻《ハシシュ》が必要になる。そうなのだ、私にはワーグナーが必要だった。ワーグナーは、あらゆるドイツ的なものに効く抜群の解毒剤である。――解毒剤も毒であることを私は否定しないが。……『トリスタン』のピアノ編曲版が存在するようになった瞬間から［このピアノ編曲版をニーチェは1861年に友達のグスタフ・クルークから教えてもらっている］、――おお、ハンス・フォン・ビューロー氏よ、私は心から感謝します！……私はワーグナーを崇拝するようになった。それ以前のワーグナーの作品を、私は見下していた。――まだ通俗的でありすぎ、「ドイツ的」でありすぎていたからだ。……ところで今日でもなお私は、『トリスタン』と同じくらい危険な魅力をそなえ、『トリスタン』と同じくらい無限の戦慄と甘美をもたらしてくれる作品を探しているのだが、――そういう作品は、どんな芸術を探しても見つけることができない。レオナルド・ダ・ヴィンチは見知らぬ世界をいっぱい見せてくれるが、その不思議な魅力も、『トリスタン』の最初の一音でその魔力を失ってしまう。この作品は、文句なしにワーグナーの至高の作品《ノン・プルス・ウルトラ》である。彼は『マイスタージンガー』と『指環』を書いて、『トリスタン』の疲れをとった。健康を回復すること——それは、ワーグナーのような気質の人物の場合、**後退**を意味する。私は、自分がちょうどいい時代に生まれ、まさにドイツ人のなかで生きていたことを、第一級の幸福だと考えている。そのおかげで私は**成熟して**、『トリスタン』という作品を味わうことができた。それができるほどまでに心理学者として私の好奇心も成長していたのだ。『トリスタン』の「地獄の快楽」が味わえるほどの病気になったことのない者にとって、世界は貧しい。ここで神秘主義者のような言い方をしても、許されるだろう。いやそれは、ほとんど命令されてすらいる。——ワーグナーが表現することのできた途方もないものを、ワーグナーの翼だけが飛びまわることができた50もの未知の恍惚の世界を、私は誰よりもよく知っていると思う。私はもともと強い人間なので、きわめて疑わしく、きわめて危険なものでさえ、自分に都合よく利用することができる。そしてそれを利用して、もっと強い人間になることができる。だから私はワーグナーを、人生の大恩人と呼ぶのだ。私とワーグナーは親戚である。私たちふたりは、今世紀の人間たちが悩んだよりも深く悩んだ。おたがいが原因で悩んだこともある。だからこそ、私たちふたりの名前は、永遠にくっつけられることだろう。そして確実にワーグナーが、ドイツ人のあいだでは誤解された存在にすぎないように、確実に私も、誤解された存在にすぎないし、これからもずっと誤解された存在でありつづけるだろう。——ゲルマン人の諸君、**とにかくまず**2世紀の時間をかけて、心理学と芸術の訓練をすることだ！……しかしそれでも、遅れは取り返せない。——

7

選び抜かれた耳の持ち主に、もうひとこと言っておこう。**私が**そもそも音楽に何を望んでいるのか。10月の午後のように、晴れやかで、深いこと。自分をもっていて、奔放で、優しいこと。卑劣だが優雅で、小柄の可愛い女であること。……音楽が何であるか、ドイツ人にはわかっている**はずだ**、などということを私は認めない。ドイツの音楽家と呼ばれている人たちは、最高の音楽家を先頭に、**外国人**だ。スラブ人か、クロアチア人か、イタリア人か、オランダ人か——ユダヤ人だ。そうでない場合、強い種族であるドイツ人は、**死に絶えた**ドイツ人だ。ハインリヒ・シュッツに、バッハに、ヘンデルである。私自身は、あいかわらずポーランド人であることが抜け切れないので、ショパンを残せるなら、ほかの音楽は全部捨ててもいい。ただし3つの理由から、例外として残したいのは、ワーグナーの『ジークフリート牧歌』であり、できることなら、どんな音楽家より高貴なオーケストラのアクセントをもっているリストも、それから最後に、アルプスの向こう側で——ということは、**こちら側で**［トリノでニーチェはこの文章を書いていた］——生まれた音楽も全部。……ロッシーニも、なくてはならぬ音楽家だ。それに音楽における**私の**南国、つまり、わがヴェネツィアのマエストロであるピエトロ・ガスティ［ニーチェの弟子、ペーター・ガストのイタリア名］も。ところで私がアルプスの向こう側と言うときは、じつはヴェネツィアのことしか言っていないのである。私が音楽を別の言葉であらわそうとすれば、いつもヴェネツィアという言葉しか思い浮かばない。私には涙と音楽の区別がつかない。幸せのことを、**南国**のことを考えると、私はぞくっとして臆病になってしまう。

橋のたもとに、私は立っていた。
ついこのまえ、褐色の夜に。
遠くから歌が聞こえた。
黄金のしずくが歌をふくらませ、
ふるえる水面《みなも》に転がしていった。
ゴンドラ、灯火《ともしび》、音楽——
酔いしれた歌が泳いで、薄暗がりのなかに消えていった……

私の魂が、琴線に触れ、
見えない手に揺さぶられて、歌った。
ひっそりゴンドラの歌にあわせて。
色とりどりの至福にふるえながら。
——誰か、それに耳を傾けてくれただろうか？……

8

以上のすべてにおいて——つまり、栄養の選択、土地と気候の選択、保養の選択において——支配しているのは、自己保存の本能である。自己保存の本能は、**自己防衛**の本能として一番はっきり姿をあらわす。多くを見ず、多くを聞かず、多くを自分に近づけないこと——それが、一番利口なことである。自分が偶然ではなく、必然であることの、一番の証拠だ。この自己防衛本能をありきたりの言葉で言えば、**趣味**である。この趣味の命令法は、イエスと言うことが「自分がないこと」を意味するような場所で、ノーと言うことを命じるだけでなく、**できるかぎりノーと言わない**ことも命じる。何度もくり返しのノーが必要になってくるだろうような場所から別れること、離れること。なぜそうすることが理にかなっているのか？　防御のための支出は、どんなに小さな支出であっても、癖になり、習慣になると、異常な貧しさ、まったく無駄な貧しさを招くことになるからだ。小さな支出を何度も積み重ねれば、大きな支出になる。防御すること、自分に近づけないことも、支出なのであり——どうかこの点を勘違いしないように——、ネガティブな目的のために力を**浪費すること**なのだ。いつも防衛の必要に迫られているだけで、弱ってしまい、自分を防衛できなくなってしまう。――かりに私が家を出て、目の前に見えるのが、静かで貴族的なトリノではなく、ドイツの小さな町だとしよう。すると私の本能は、押しつぶされてペッチャンコになった臆病な世界から押し寄せてくるものを、押し戻すために、自分を閉鎖する必要に迫られるだろう。あるいは、かりに私が家を出て、目の前に見えるのが、ドイツの大都市だとしよう。悪徳によって築かれたその都市では、なにひとつ育たず、良いものも悪いものも、あらゆるものが持ち込まれている。そんなところでは、私は**ハリネズミ**になるしかないだろう？　――しかしハリをもつことは、無駄なことだ。二重の贅沢ですらある。ハリをもたず、両手を**ひろげて**いることもできるのだから。……

　もうひとつ別の利口な自己防衛は、**できるだけ反応しないようにする**ことである。また、自分の「自由」を、自分のイニシアチブをいわば外して、自分がたんなる試薬になってしまいそうな状況や関係から、身を引くということである。その例として本とのつき合いを考えてみよう。要するに本を「ひっかき回している」だけの学者は――並みの文献学者なら1日で約2百冊だが――、結局、自分の頭で考えるという能力をすっかりなくしてしまう。本をひっかき回さないときは、考えないのだ。考えるときは、刺激（――つまり本で読んだ思想）に**答える**わけだが、――結局それは、反応しているだけのことである。学者は、すでに誰かが考えたことにイエスやノーと言うこと、つまり批評することに、全力を使ってしまうので、――自分ではもう考えないのである。……自己防衛の本能は、学者の場合、ぼろぼろになってしまっている。もしもそうでなければ、本に抵抗するだろう。学者は、――デカダンである。――それを私はこの目で見たことがある。才能があり、豊かで自由な資質をそなえた人間が、すでに30歳代で「恥ずかしいことに本に読まれて」、たんなるマッチ棒になっているのだ。火花を――つまり「思想」を散らすには、擦ってもらうしかない。――一日がはじまる早朝、じつにすがすがしく新鮮で、朝焼けのように力がみなぎっているときに、**本**を読む。――それを私は悪徳と呼ぶ！――

9

もう避けては通れない。ここでは、**人はどのようにして自分になるか**、という問いにしっかり答えることにしよう。それに答えることによって私は、自分を維持することの——**自分欲**の名人芸についても触れることになる。なぜなら、もしも使命が、課題が、使命の**運命**が、はるかに平均を超えている場合、その使命**をもった**自分自身に直面すること以上に大きな危険は、ないだろうからだ。人がどのようにして自分になるか、ということには、自分が**何**であるか、まったく見当もついていない、ということが前提になっている。この観点から見ると、人生における**数々のやりそこない**にさえ、それなりに意味と価値があるわけだ。ときどき脇道や横道にそれたり、ためらったり、「遠慮したり」、自分の使命**では**ない使命なのに真剣に努力したり。こういうところで発揮されることがあるのが、すばらしい利口さであり、いや、それどころか最高の利口さである。かりに、汝自身を知れ《ノスケー・テー・イプスム》が没落の処方箋であるような場合には、自分を忘れたり、自分を**誤解**したり、自分を小さくしたり、自分を凡庸にしたりすることが、まさに理にかなったことになる。これを道徳の言葉に翻訳すれば、隣人愛、つまり他人やほかのことのために生きることが、もっとも堅固な自分というものを維持するための保護手段に**なることができる**というわけだ。このケースは例外で、私は、私のルールと確信に逆らって、「無私の」衝動の味方をしている。ここでは無私の衝動が、**自分欲**のために、**自己陶冶**のために働いているのだから。意識の表面はどこも——意識は表面**なのだ**——、なんらかの大げさな命令法によって汚されないように、きれいに保っておかなければならない。大げさな言葉、大げさなポーズには、つねに用心せよ！　本能が早々と「自明になる」などということは、危険でしかない。——意識をきれいに保っているあいだに、組織する能力をもった「アイデア」が、支配者にふさわしい「アイデア」が、深いところでゆっくり成長をはじめる。アイデアが命令しはじめる。脇道や横道からゆっくりみんなを連れて本道に**引き戻す**。いろんな資質や才能を**ひとつひとつ**準備する。その資質や才能はいつか、全体のための手段として不可欠なものであるとわかるだろう。アイデアは、**役に立ちそうな**すべての能力を順番に養成しておいてから、中心となる使命や、「目標」や、「目的」や、「意味」を少しずつ知らせるのだ。——この面から見ると、私の人生はただただすばらしい。**価値の価値転換**という使命のためには、もしかしたら、これまでひとりの人間のなかで同居していた能力たちよりも、もっと多くの能力が必要だったのかもしれない。なによりもまた能力たちが、おたがいに邪魔や破壊をしあわずに、しかし対立していることも、必要だったのかもしれない。たとえば能力たちの序列、能力たちのあいだの距離、別れても敵にならない技術、絶対に混ぜないこと、絶対に「仲直り」

させないこと。これは、とてつもなく多様だが、それにもかかわらずカオスの正反対である。——これが、前提条件だった。私の本能が長いあいだやってきた仕事であり、名人芸なのだ。私の本能は、**高いところにいる強い保護者**だったので、どんな場合にも私は、自分のなかで何が成長しているのか、予感することすらできなかった。だから私の能力はどれも、突然、熟して、最終的に完成して、ある日、**花開いた**のだ。自分は努力したことがある、という記憶が私には欠けている。私の人生には、**格闘**した形跡がどこにも見当たらない。私は英雄とは正反対の人間である。なにかを「欲する」、なにかを「手に入れようとする」、「目的」や「願い」を忘れない——そういうことは、どれひとつとして経験したことがない。この瞬間でも私は、自分の未来を——**はるかな**未来を！——見ている。波ひとつない静かな海を見ているような気分で。その海で、さざ波のように波打っている望みなど、どこにもない。私は、なにかが今と別なようになることなど、まるで望まない。私自身、別の人間になろうとは思わない。そのようにして私はいつも生きてきた。願いなど持ったこともない。44歳にもなって、誰が言えるだろう。俺は、**名**誉を、**女**を、**金**を、手に入れようとしたことなどないんだぞ！　と。——とはいえ、私はそれらに縁がなかったわけではないのだが。……たとえば私は、ある日、大学教授になっていた。――そんなことは夢にも思っていなかった。なにしろ24歳になるかならないかの時だったのだから。またその2年前の、ある日、私は文献学者になっていた。つまり、私の**最初の**文献学の論文が、それはどう考えても私のデビュー作だったわけだが、私の先生であるリチュルに言われて、彼の「ライン博物館」誌に掲載されたのである。(**リチュル**は、――私は敬意をこめて言うのだが――私がこれまで会った学者のなかで、ただひとりの天才である。滅茶苦茶だが愉快な性格で、それはわれわれテューリンゲン人の特徴であり、その特徴を持っていると、ドイツ人であっても、人に好かれるのだが。われわれテューリンゲン人は、真理に到達するためには、わざわざ間道に入っていくのである。そう言ったからといって私は、私の同郷で近所の、**利口な**レオポルト・フォン・ランケのことを、見下したわけではまったくない。……)

10

ここでしっかり考えることが必要になってきた。私は質問されるだろう。いったいどうしてあなたは、そういう小さなことを、慣例から判断すれば、どうでもいいようなことを、話したのですか。あなたがね、大きな使命を果たすよう定められているのなら、なおさらあなた自身、傷つくでしょう。答えはこうだ。こういう小さなこと——つまり栄養のことや、土地のことや、気候のことや、保養のことや、それから自分欲のアラを探すことですが——こういうことこそ、これまで重要だと思われてきたどんなことよりも、はるかに重要なんですよ。まさにこの点において、**学習の転換**をはじめる必要があるんです。これまで人類が真剣に検討してきたことは、現実ですらないんですよ。たんなる想像にすぎない。もっと厳密に言うとですね、病気の人間たちの、もっとも深い意味で有害な人間たちの、劣悪な本能から生まれた**嘘**なんですよ。——「神」、「魂」、「徳」、「罪」、「彼岸」、「真理」、「永遠の命」などの概念は、みんな嘘なんです。……それなのに人間の本性の偉大さを、人間が「神のようであること」を、そんな概念のなかに求めてきたわけですね。……政治、社会秩序、教育などの問題はすべて、そのために底の底まで偽造された問題となっている。その結果、もっとも有害な人物が偉大な人物と思われ、——「小さな」事柄、私に言わせれば人生の基本問題を、軽蔑するように教え込まれたのだ。……今のわれわれの文化は、きわめて両義的でいかがわしいものである。……ドイツ皇帝はローマ法王と協定を結び、あたかもローマ法王は、生に敵対する不倶戴天の敵の代理人ではないような顔をしている！……今日、建設される物は、3年後にはもう立っていない。──私の後に来る転覆、そして比類ない建築のことは別にして、私の力で**何**ができるかを尺度にして、私自身を測るなら、私は、寿命のある誰よりも大きな権利をもって、偉大さという言葉を要求することができる。これまで**第一級**の人間であると尊敬されていた人を、私と比べてみれば、その違いは手に取るように明らかだ。私は、これまで「第一級」と呼ばれていた人を、人間の数にも入れない。──私にとって連中は、人類のできそこないであり、病気と復讐本能の産物である。生に復讐する、不吉で、結局のところ救いようのない非人間ばかりである。……私は、その正反対の存在であろうとしているのだ。私の特権は、健康な本能のあらゆる徴候に対して最高に鋭敏であることである。私には、病気の気配がまったくない。重い病気の時期でさえ、病人のようにはならなかった。私という人間のなかに狂信や熱狂を探そうとしても無駄である。私の人生のどの瞬間においても、思い上がった態度や激した態度の私を見つけることはできないだろう。大げさに激したポーズは、偉大さとは**無**関係だ。ポーズなどというものを必要とする者は、**本物ではない**。……きれいな絵になっている人には、いつも用心せよ！――人生は、わたしにとって軽くなった。人生がもっとも重いものを私に要求したとき、私は、もっとも軽くなった。この秋の70日間［『偶像の黄昏』を書き上げ、『アンチクリスト』と『この人を見よ』を書いている期間］、私は中断することなく、第一級のものを書いた。私の後から来る人も――私の前にいた人も真似できないような第一級のものを、来たるべき数千年に対する責任をもって、私は書いた。このときの私を目撃した人は、緊張している気配を私のどこにも感じなかっただろう。それどころか、溢れんばかりのみずみずしさと晴れやかさに私が包まれていることに気づいただろう。このときほど気持ちよく食事をしたことはない。このときほどよく眠れたことはない。――偉大な使命に取り組む流儀として、私は**遊び**しか知らない。遊びは、偉大さの徴候であり、その基本前提である。ほんのわずかの無理、暗い表情、喉がつかえてかすれた声、それらはすべて、その人が偉大ではないという証拠だ。それどころか、その人のやった仕事が偉大ではないという証拠でもあるのだ！……神経質になってはならない。……「ひとりであること」に**悩む**のも、偉大ではない証拠だ。……私はいつも「ひとりではなく、たくさんであること」に悩んできた。……馬鹿ばかしいほど早くから、つまり7歳のときから、私にはもうわかっていた。私には人間的な言葉が届くことはないのだろう、と。そのことで私が憂鬱になっているところを、見られたことがあっただろうか？——今日でも私は、誰に対しても同じように愛想がいい。最下層の人に対しても十分な敬意をもっている。どんな場面でも、高慢さや、ひそかな軽蔑はみじんもない。私が**誰か**を軽蔑すれば、その人は、私に軽蔑されていることに**気づく**。私がその場にいるだけで、からだに悪い血をもっている者を怒らせるのだ。人間の偉大さをあらわす私の公式は、**運命愛**《アモール・ファティ》である。どんなことも今とは別なふうであることを望まないことだ。未来においても、過去においても、永遠においても、けっして。必然的なことに耐えるだけではなく、必然的なことを隠したりもしない。——どんな理想主義でも、必然的なことの前では偽物になる。——耐えたり隠したりせず、必然的なことを**愛する**のだ。……

なぜ私はこんなに良い本を書くのか

1

私は私であり、私の著作は私の著作である。――ここでは、私自身が私の著作について しゃべる前に、私の著作が理解されるのか、または理解され**ない**のか、という問題に触れておこう。といっても、それが必要な程度にさらっと触れるだけだが。というのもこの問題に触れるには、まだまるで機が熟していないからだ。私自身も触れられるには、まだ機が熟していない。死後に出される著作もあるからだ。――いつかそのうち、私が理解したような形で、人びとが生活しながら教えるという公共機関が必要になるだろう。もしかしたら、『ツァラトゥストラ』解釈のための特別講座が設けられる、ということさえあるかもしれない。しかし、もしも今日すでに私が、**私の言**

う真理を受け容れてくれる耳**と手**を期待したりすれば、それは完全な自己矛盾だろう。今日はまだ誰も聞く者がおらず、今日はまだ誰も私から受け取ることができないのは、納得できるだけでなく、私自身も当然だと思う。だが、私のことを勘違いしないでもらいたい。——そのために必要なのは、私自身が私のことを勘違いしないことだ。——すでに言ったことだが、私はこれまでの人生で、他人から「悪意」をもたれたことがほとんどない。「悪意」をもった文章を書かれた例も、ほとんど報告することができない。逆に、私のことが理解できないという**まったくのお馬鹿さん**の例なら、うんざりするくらいあるのだが。……誰かが私の本を手に取れば、そのことが、その誰かが自分にあたえることのできる、じつに珍しい勲章のひとつになりそうな気がする。……その誰かは私の本を手に取るために——ブーツはおろか——、靴まで脱ぐのではないか、とさえ私は想像する。……ハインリヒ・フォン・シュタイン博士に、あなたの『ツァラトゥストラ』、ひとことも理解できませんでしたよ、と正直に苦情を言われたとき、私はこう言った。それでいいんですよ。あの本で6つの文章を理解したなら、ということはですね、**体験**したなら、ということですが、人間の階段を「現代」人が到達できるよりも1段高く、上がったことになるわけですからね。読者と私のあいだには**こんなに**距離があると感じているわけだから、私は、知り合いの「現代」人に——読んでもらうことを、願うことすら**でき**ないのだ！——私にとって勝利とは、ショーペンハウアーの勝利である「今も読まれ、将来も読まれ」の正反対である。——つまり私の場合は、「今も読まれ**ず**、将来も読まれ**ず**」なのだ。——とはいえ何度も、私は著作に**無邪気**なノーを突きつけられて、愉快な気分になったが、そんな気分まで過小評価したいとは思わない。ついこの夏のことだが、もしかすると私は、私の重量級の、あまりにも重量級の文学によって、それ以外の文学全体のバランスを崩すことができたかもしれないというとき、ベルリン大学の教授に親切にも教えられた。別のスタイルで書いてみたらどうですか。こういうものを読む人、いませんからね。——結局、極端な例を2つ提供してくれたのは、ドイツではなく、スイスだった。1つは、「ブント」誌に出たV・ヴィートマン博士の『善悪の彼岸』論で、タイトルは「ニーチェの危険な書物」。もう1つは、同じく「ブント」誌上で、カール・シュピッテラー氏が私の著作全般について報告したもの。この2つが、私の人生で——何についてなのかは、用心のため言わないでおくが——経験した極大値《マキシマム》である。シュピッテラー氏は、たとえば私の『ツァラトゥストラ』を「高級な文体練習」の本だとしてから、これからは内容についても留意していただきたいものです、と希望をつけ加えている。ヴィートマン博士は、上品な感情をすべて撤廃しようとしている私の勇気に敬意を表してくれている。——ちょっとした偶然のいたずらで、どの文章も、驚いたことに筋道だって真理が逆立ちしていたのだ。実際、すべての「価値の価値転換」をするだけで、どの文章も私について、——私の頭に釘を打つかわりに——きちんと釘の頭を打つように、ポイントを押さえることができる。……だから一層、私としては説明しておきたいのだ。——結局のところ誰も、自分がすでに知っている以上のことを、本も含めて、いろいろなものから聞き出すことはできない。自分の体験から近づくことができないものについて、われわれは聞く耳をもたない。ひとつ極端な例を考えてみよう。われわれが頻繁に経験しないような体験や、ほんのたまにしか経験しないような体験についてしか書いていない本があるとしよう。——つまりその本が、その一連の経験に対応する**最初の**言語であるとしよう。その場合、その本からは何ひとつ聞こえないのだ。そして、何も聞こえないのだから、**何も存在しないのだ**、という聴覚上の錯覚も加わるのである。……結局これが、私の平均的な経験であり、言ってよければ、私が経験した**オリジナリティー**である。私のことをちょっと理解したと思った人は、その人がいだくイメージにしたがって、私を材料にしてその人のニーチェ像を仕立てるのである。——だから、私とは正反対のニーチェ像が、たとえば「理想主義者」が仕立てられることも、めずらしくない。私のことをまったく理解しなかった人からは、私が考察の対象になるなどありえない、と言われた。——「**超人**」という言葉は、最高に出来のいいタイプをあらわすものであって、「現代」人や、「善」人や、キリスト教徒や、その他のニヒリストに対立する言葉である。——この言葉は、道徳の**破壊者**であるツァラトゥストラが口にすると、非常に思慮深い言葉になるのだが、ほとんどあらゆるところでじつに無邪気に、ツァラトゥストラの姿を借りてあらわれているものとは反対の価値を意味するものとして理解されるようになった。たとえば、なかば「聖人」で、なかば「天才」であるような、「理想主義的な」タイプの高級な人間という意味で。……また別の、牛みたいに鈍重な学者には、「超人」という言葉のせいで私はダーウィニズムの信奉者ではないかと疑われた。知らないうちに心ならずも大物の贋金《にせがね》づくりになってしまったカーライルの「英雄崇拝」を、私はじつに意地悪く拒否しているのだが、その再来が「超人」だと言い出す者さえ出てきた。「超人」の例がほしいなら、パルジファルよりはチェーザレ・ボルジアみたいな人間を探したほうがいいですよ、と私が耳もとにささやいたら、ささやかれた人は、自分の耳を信じようとしなかった。――私の本の書評、とくに新聞での書評について、私はまるで興味がないのだが、これについてはお許しいただくしかないだろう。私の友人や版元は心得たもので、私にその種の話はしない。だからこれは特別だが、あるとき私は、1冊の本――それは『善悪の彼岸』だったのだが――についての罪深い書評を、最初から最後までじっくり読んだことがある。それについて私は礼儀正しく報告しておく必要があるだろう。つまり「国民新聞」――というのは、外国の読者のために説明しておくと、プロイセンの新聞であり、ちなみに私自身は失礼ながら、フランスの「論争ジャーナル《ジュルナル・デ・デバ》」紙しか読まないのだが、――この「国民新聞」は、本気になって『善悪の彼岸』のことを「時代の徴候」として、正真正銘の**ユンカー哲学**として理解することができるとし、ただ「十字新聞」［ドイツの土地貴族《ユンカー》の機関紙］には、ユンカー哲学を標榜するだけの勇気が欠けているのだ、と書いていたのである。

しかしこんなことを誰が信じるのだろうか？……

2

以上は、ドイツ人に向かって言ったことである。というのも私には、ドイツ以外のいたるところに読者がいるからだ。——**選び抜かれた**インテリで、高い地位と義務のなかで教育を受けた人物ばかりである。私の読者のなかには本物の天才さえいる。ウィーンで、サンクト・ペテルブルクで、ストックホルムで、コペンハーゲンで、パリで、ニューヨークで、——いたるところで私は発見されているのだ。私を発見して**いない**のは、ヨーロッパの低地、ドイツだけである。……そして、じつを言うと、私をもっと喜ばせてくれるのは、私の本を読んだこともなく、そう、私の名前も、哲学という言葉も耳にしたことがないような人たちなのだ。けれども私がどこへ行こうと、たとえばここトリノでも、私を見かけるとみんなが、晴れやかで親切な顔を見せてくれる。これまでで一番うれしかったのは、露店のおばあさんたちが、並べている葡萄のなかから私のために一番甘い房を選んで集めてしまわないうちは、ほっと安心した顔を見せないということだ。**そのくらい**でなければ哲学者とは言えない。……理由もなくポーランド人が、スラブ族のフランス人と呼ばれているわけではない。魅力的なロシア女性は、私が何人《なにじん》なのか、一瞬のうちに見分けるだろう。儀式ばるということを、私はうまくやれたことがない。ぎこちなくなるのが関の山だ。……私はなんでもできる。しかし――ドイツ的に考え、ドイツ的に感じること。**それ**だけは私の力を超えている。……私の旧師リチュルから、こんな指摘をされたことさえあった。君はね、文献学の論文までも、パリの小説家のように――馬鹿におもしろく構想するんですね。そのパリでも、「なんと大胆で、なんと繊細な私」――これはテーヌ氏の表現である――が、驚きの対象になっている。――私の書くものには、ディオニュソス頌歌の最高形式にいたるまで、――けっして愚か――つまり「ドイツ的」――にはならない――あの塩、つまりエスプリが混ぜられているのだが、そのことが誰かに気づかれるのではないかと私は心配している。……私には他《ほか》にしようがないのです。神よ、助けたまえ！　アーメン。［ルターがヴォルムスの帝国議会で所信を表明したときの、結びの言葉］――耳の長い動物［ロバなど馬鹿のこと］がどういう動物なのか、私たちはみんな知っている。実際に経験して知っている者もいる。よろしい、勇気を出して私は主張しよう。私は一番小さい耳の持ち主だぞ、と。そのことに女性たちは少なからず興味をもつ。――どうやら女性たちは、この人のほうが自分たちの気持ちをよく理解してくれるのでは、と思っているのではないだろうか?……私は、極上の**反ロバ**《アンチ》であり、したがって世界史に名を残すほどの怪獣である。——私は、ギリシャ語では、いやギリシャ語にかぎらず、**アンチクリスト**［反キリスト教徒］なのだ。……

3

私はある程度、著作家としての私の特権を知っている。私の著作に親しむと、どんなにひどく趣味が「そこなわれて」しまうのか、いくつかのケースで私にも証明ずみのことだ。要するに私の本を読むと、ほかの本に耐えられなくなる。とくに哲学の本に。私の本の、高貴でデリケートな世界に入ってくることは、比類のない特典だ。——この特典を手にするためには、絶対にドイツ人であってはならない。結局のところ、これは、自分がそれにふさわしい者になることによってしか手に入らない特典なのだ。しかし、意欲するという**高み**において私と親戚なら、私の本を読めば、学ぶことの本当のエクスタシーが味わえる。というのも私は、どんな鳥も飛んだことのない高みからやってきたのだし、誰も足を踏み入れて迷ったこともない深い谷を、よく知っているのだから。私はこう言われた。あなたの本はですね、読みはじめると、手が離せなくなる。――夜も眠れなくなってしまうんですよ。……私の本のように、誇り高いだけでなく洗練もされている本は、どこを探しても存在しない。――私の本は、あちこちで、この地上で手に入れることのできる最高の高み、つまりシニシズムを手に入れている。だから私の本を征服するためには、このうえなく柔らかい指だけでなく、このうえなく毅然とした拳《こぶし》が必要なのだ。どんな魂でも、脆弱であるなら失格だ。永遠に。消化不良であっても失格だ。神経は必要ではない。必要なのは上機嫌の腹部である。魂の貧しさや風通しの悪さが失格なだけではなく、もっと具合が悪くて失格なのは、臆病や、不潔や、腹に隠している復讐心だ。私のひとことに触れると、どんな劣悪な本能も本人の顔に出てしまう。私は何人かの知り合いを実験動物にしている。私の著作に対する、さまざまな反応を、非常に教えられることが多いさまざまな反応を、実験台から感じ取るのである。私の本の内容にかかわり合いたくない者は、たとえば、私のいわゆる友人たちだが、コメントが「のっぺらぼう」になる。また「こんな本を出されて」おめでとうございます。――ずっと晴れやかなトーンになっているところに、進歩が感じられます、などと言う。……完全に悪質な「精神」や、

「美しい魂」や、根っからの嘘つきは、私の本をどう扱えばいいのか、まったくわからない。――だから連中は、私の本を自分たちの**下に**位置するものと見るのだ。こうやって「美しい魂たち」は、美しく筋を通すのである。私の知り合いのなかで頓馬といえば、失礼ながら、ドイツ人ばかりだが、こんな調子で言う。かならずしもですね、あなたの意見には賛成できませんが、でも、ときには、たとえば……。『ツァラトゥストラ』のことでさえ、こういう調子で言われたことがある。……同様に、人間がもっている「フェミニズム」、また男がもっている「フェミニズム」は、どんなものでも、私の世界への扉を閉ざすものだ。「フェミニズム」などを信じていると、私の大胆不敵な認識の迷宮には、けっして入ることはないだろう。自分をいたわったことがない者だけが、自分の習慣に**きびしさ**をもっている者だけが、きびしい真理しかない場所でも、機嫌よく晴れやかでいることができる。完全な読者像を思い描こうとすると、いつも私の目に浮かぶのは、勇気と好奇心をもった怪獣なのだ。しかもその怪獣は、しなやかで、ずる賢く、用心深く、生まれつきの冒険家で、発見家でもある。じつは私は、もっぱら誰にしゃべっているのか。それを言う一番の方法は、結局、ツァラトゥストラが言ったことを言うことだろう。もっぱら**誰**に彼は謎を語ってやろうとするのか？

君たちは、大胆に求め、試みる。帆をうまくあやつって、恐ろしい海へ乗り出したことがある者だ。——君たちは、謎に酔い、薄明かりを喜ぶ者だ。その魂は、笛につられて、どんな魔の火口にも誘われる。——というのも君たちは、臆病な手で糸をたぐろうなどとは思わないからだ。**ぱっと推測**できるときには、**ねちねち推論**することを憎むからだ。……

［『ツァラトゥストラ』第3部「まぼろしと謎について」］

4

ついでに私の**文体の技法**について一般的なことをちょっと話しておこう。ある状態を、パトスの内的な緊張を、記号たちによって、おまけにその記号たちのテンポによっても**伝えること**。——これが、文体というものの意味である。そして私の内的状態が並外れて多様であることを考えると、私の文体の可能性も多くあるわけだ。——これまで誰も使いこなせなかったほどきわめて多様な、文体の技法がある。**良い**文体であれば、かならず、内的状態を本当に伝えている。記号たちを、記号たちのテンポを、さまざまな**身ぶり**を、間違わずに使っている。——複雑な構造をそなえた芸術的な綜合文にかんする法則は、すべて身ぶりの技法なのだが。私の本能は、この点にかんしてミスすることがない。——良い文体**そのもの**——などというものが存在すると考えるのは、**まったく愚かな話**である。「観念論」にすぎない。たとえば「美**そのもの**」とか、「善**そのもの**」とか、「物**自体**《そのもの》」とか。……あいかわらず前提とされているのは、聞いてくれる耳が存在していることだ。——著者と同等のパトスに耐える能力と気品をそなえた人が、存在していること。著者が自分の書いたことを伝えても**よいと思える**ような相手が、いること。——私の『ツァラトゥストラ』は、まだ今のところそういう相手を探している。——ああ！ まだ当分は探さなければならないだろう！——ツァラトゥストラの声を聞く**価値をもった**相手でなければ。……そしてそれまでは、『ツァラトゥストラ』に惜しみなく注がれた**技法**を理解してくれる人は存在しないだろう。新しい、前代未聞の、本当に『ツァラトゥストラ』のためにはじめて用意された技法の数々を、こんなに惜しみなく注がなければならなかった著者は、私以外にはいなかった。このようなものが、ほかでもないドイツ語で可能だったことは、まだ証明されていなかった。私自身、『ツァラトゥストラ』を書く前なら、断固拒否していただろう。私以前には、ドイツ語で何ができるのか、――そもそも言語で何ができるのか、ということは、誰にもわかっていなかった。崇高な、超人的な情熱の、とてつもない起伏を表現するための、**偉大な**リズムの技法、芸術的な綜合文の**偉大な文体**は、私が最初に発見したものだ。「7つの封印」というタイトルの、『ツァラトゥストラ』**第3部**の最後のディオニュソス頌歌によって、私は、詩と呼ばれていたものを超えて、その千マイルも上を飛んだのである。

5

――私の著作でしゃべっているのは、比類ない**心理学者**である。もしかしたらこれが、すぐれた読者が最初に手に入れる洞察かもしれない。――私にふさわしい読者は、昔のすぐれた文献学者がホラティウスを読んだように、私を読んでくれる。世間のみんな——といっても通俗哲学者や、道学者や、その他の空っぽ鍋やキャベツ頭は論外だが——の意見が根本的に一致している命題は、私の本では、ナイーブな過ちとして扱われている。たとえば、「非利己的」と「利己的」は対立している、と信じている命題。だが実際は、自己そのものが「高級なペテン」、ひとつの「理想」にすぎないのだが。……利己的な行動**も**、非利己的な行動**も**存在し**ない**。ふたつの概念は、心理学的にはナンセンスだ。また、「人間は幸せを追う」という命題。……また、「幸せは徳の報いである」という命題。……また、「快と不快は対立している」という命題。……人類を惑わす魔女《キルケー》である道徳は、心理的なものならどんなものでも徹底的に、偽物に仕立ててしまった。——つまり**道徳にして**しまったのだ。——そうやってついに、あの戦慄すべきナンセンスが生まれた。愛とは「非利己的」なものであるべきなのです。……しっかり**自分の**尻ですわり、勇敢に自分の足で立っていないと、愛することなど**できない**のに。結局、このことをあまりにもよく知っているのは、女だけである。女は、無私の、公平なだけの男などには見向きもしない。……この場で私は、私は女のことは**よく知っている**、と大胆な発言をしてもいいだろうか？　これは、私がディオニュソスから持参金としてもらった知識なのだ。そう、もしかしたら私は

「永遠の女性」「ゲーテの『ファウスト』の最後に登場」のことをよく知っている最初の心理学者なのかもしれない。すべての女が私を愛している。——まあ、昔からそうなのだが。事故に遭った女、子どもを産む器官をなくした「解放された女」は、別として。——幸い、私は八つ裂きにされるつもりはない。完全な女に愛されると、八つ裂きにされてしまうからだ。……その愛すべき凶暴な《マイナス》女のことなら、私はよく知っている。……この小さな肉食獣は、地下に住み、足音を忍ばせ、なんとも危険きわまりないやつなのだ！　それなのに、すごくかわいい！……小さな女でも、復讐に駆られると、走って運命そのものまで突き倒してしまうのだ。——女は、男よりもはるかに悪く、利口でもある。女に善意があれば、女としてはもう**退化**しているということだ。……すべての、いわゆる「美しい魂」の奥底には、生理的な障害がある。——すべてを話すつもりはない。話が医学的でシニカルになってしまうから。男女**同**権のために闘うことは、病気の徴候ですらある。医者なら誰でも知っていることだ。——女は、その女が女であればあるほど、手をふり、足を踏み鳴らしながら、権利というものに対して抵抗するものだ。両性のあいだにある自然の状態、つまり永遠の**戦争**が、女の地位をはるかに第一級のものにしているのだから。——私のつくった愛の定義を聞いた人はいるだろうか？　あれこそが哲学者にふさわしい唯一の定義なのだが。つまり、愛とは、――その手段においては戦争であり、その根底においては両性間の死ぬほどの憎悪である。――どうやって女は**治療**されるのか、――「救われる」のか、という質問に対する私の答えを聞いた人はいるだろうか？　子どもをつくってやればいい。女には子どもが必要だ。男はいつも手段にすぎない。ツァラトゥストラはそう言った。［『ツァラトゥストラ』第1部「年寄りの女と若い女について」］――「女の解放」――というのは、**出来そこないの女**、つまり子どもを産めなくなった女が、出来のいい女に対してもつ本能的な憎悪なのだ。――「男」に対する闘いというのは、いつも手段であり、口実であり、戦術にすぎない。解放された女たちは、自分たちのことを、「女そのもの」として、「高級な女」として、女の「理想主義者」として持ち上げることによって、女の地位の一般的なレベルを**引き下げ**ようとしているのだ。そのためのもっとも確実な手段は、女にもギムナジウム教育、ズボン、参政権をあたえること。要するに、解放された女たちは、「永遠の女性」界の**アナーキスト**なのであり、本能の奥底に復讐心をもっているタチの悪い落ちこぼれなのだ。……もっとも悪質な「理想主義」というジャンルは、――ちなみに男たちにもあるわけで、たとえば、あの典型的なオールドミス、ヘンリク・イプセンがそうなのだが、──良心にやましいところのない、性愛という自然に**毒をたらす**ことを目的にしている。……ここで私は、この問題にかんして、私の正直で厳格な信念に疑いをさしはさまれたくないので、**悪徳**を排除するための私の道徳法典の条文を紹介しておこう。悪徳という言葉で私が攻撃するのは、あらゆる種類の反自然のことである。あるいは、美しい言葉がお望みなら、あらゆる種類の理想主義のことである。その条文はこうだ。「純潔を説くことは、反自然を公にそそのかすことである。性生活を軽蔑すること、性生活を『不純』という概念によって不純にすることは、すべて、生に対する犯罪にほかならない。──生の聖霊に反する本当の罪にほかならない」［この条文は、『アンチクリスト』「反キリスト教の掟」第4条と同じ］──

6

心理学者としての私を理解してもらうために、『善悪の彼岸』に出てくる奇妙な部分を引用することにする。──ちなみに、この箇所で私が誰のことを書いているのか、憶測はくれぐれもやめてもらいたい。「あの、姿をくらました偉大な男［ハーメルンの笛吹き男］がもっているような心情の天才。誘惑する神にして、良心というネズミを取ることにかけては、生まれながらの名人。その声は、すべての魂が住む地下の世界まで降りていくことができる。そのひとことには配慮があり、その一瞥《いちべつ》には魅惑のひだがある。その名人芸のひとつは、自分をどう見せるかを心得ていること。――自分のありのままを見せるのではない。彼に従う者たちには**さらなる**強制となるような姿を見せるのだ。そうやって彼らをますます自分の近くにまで押し寄せさせ、ますます心から徹底的に帰依させるのだ。……心情の天才は、騒々しくてうぬぼれているものをすべて黙らせ、耳を傾けるということをそれらすべてに教えてやる。心情の天才は、ざらざらの魂をつるつるにし、その魂に新しい望みを味わわせてやる。――新しい望みとは、鏡のように、静かに横たわっていること。深い空が魂に映し出されるくらい静かに。……心情の天才は、のろまでせっかちな手に、ためらうことと、もっと上品につかむことを教えてやる。心情の天才は、隠されて忘れられた宝物が、ひとしずくの善意と甘美な霊性が、曇った厚い氷の下にあると言い当てる。心情の天才は、長いあいだ大量の泥と砂の牢獄に埋もれていた黄金の粒を、ひと粒も残さず探り当てる占い棒である。……心情の天才に触れられると、誰もが以前より豊かになって帰っていく。恩寵にあずかって驚いたわけでもなく、知らない人の財産に恵まれて心が重くなったわけでもなく、自分自身がもっと豊かになり、以前の自分より新しい自分になり、突然つぼみのように開き、雪解けの春の風に吹かれて心の中を打ち明け、もしかしたら以前より自信がなく、もっと優しく、もっと壊れやすく、もっと壊れて、しかしまだ名前のない希望に満ちて、新しい意思と流れに満ちて、新しい不満と逆流に満ちて……」［『善悪の彼岸』295］

悲劇の誕生

1

『悲劇の誕生』（1872年）に対して公平にふるまうには、2、3のことを忘れておく必要があるだろう。この本が読者に**影響をあたえ**、読者を魅了さえしたのは、まさにこの本が犯した過ちのせいである。——つまりこの本は、**ワーグナー崇拝**に利用され、まるでワーグナー崇拝が**新しい時代の夜明け**の徴候であるかのように、思わせてしまったのだ。この著作はまさにそれゆえに、ワーグナーの人生における事件だった。そのときからワーグナーという名前に、はじめて大きな希望が寄せられるようになったのだ。今日でも私は、場合によっては『パルジファル』なんかを引き合いに出されて、詰問される始末である。ワーグナー崇拝の運動の**文化価値**がこんなに高く評価されるようになったことにですよ、実際、**あなた**は、どんな責任を感じてますか?――私は、この著作が何度も、『音楽の精神からの悲劇の**再生**』として引用されているのを目にした。世間は、**ワーグナーの**芸術や意図や**使命**をあらわす新しいフレーズにしか耳を貸さなかったのだ。――この著作の根底に含まれている価値ある見解は、聞き逃された。『ギリシャ式とペシミズム』というタイトルにしておけば、誤解されることがなかっただろう。ギリシャ人がどのようにペシミズムを処理したのか、――どのように**克服した**のか、を最初に教えた本だからだ。……悲劇こそが、ギリシャ人はペシミスト**ではなかった**という証拠なのである。ショーペンハウアーは、この点を取り違えた。彼はあらゆることを取り違えた人だが。――ちょっと中立的な目で手に取れば、『悲劇の誕生』は非常に反時代的に見える。誰も、この本がヴェルト近郊の戦いの砲声を聞きながら**書きはじめられた**とは、夢にも思わないだろう。この本に書いたいろいろな問題を考え抜いたのは、メッツの城門の前で、寒い9月の夜な夜な、傷病兵看護の任務についているときだった。だがむしろこの本は、それより50年前に書かれたのだ、と思われるかもしれない。この本は、政治に無関心だ。――「非ドイツ的」と今日なら言われるだろう。――不快なヘーゲルの臭いがする。2、

3の公式フレーズにおいてだけだが、ショーペンハウアー製の葬式用香水の匂いがプンプンする。ある「アイデア」――ディオニュソス的とアポロ的という対立――は、形而上学に翻訳されている。歴史そのものが、その「アイデア」の展開である。悲劇ではその対立が止揚されて統一されている。その光学で見ると、それまで一緒に視界に入ることなどなかった2つのものが、突然、相対するものとして並べられ、おたがいに相手の光に照らされて、**把握された**わけだ。……たとえばオペラと革命が。……

この本には決定的な**新機軸**が2つあるが、その1つは、ギリシャ人たちに見られる**ディオニュソス的**現象の理解である。この本は、ディオニュソス的現象の最初の心理学を提供し、ディオニュソス的現象をギリシャ芸術全体の唯一の根であると見たのだ。もう1つの新機軸は、ソクラテス主義の理解である。ソクラテスはギリシャ解体の道具であり、典型的なデカダンであるとして、はじめてその正体をあばいたのだ。本能に**反対する**「分別」。どんなことをしても「分別」を守るということは、危険な、生を蝕《むしば》む暴力なのだ！　キリスト教に対する敵意ゆえ、この本はキリスト教について深い沈黙を守っている。キリスト教は、アポロ的でもなければ、ディオニュソス的でもない。あらゆる**美的な**価値を**否定する**ものだ。――美的な価値は、『悲劇の誕生』が承認する唯一の価値なのだが。キリスト教は、もっとも深い意味でニヒリズムである。逆にこの本は、ディオニュソスを象徴にして、**イエスと言うこと**を極限ぎりぎりまで実行している。ただ一度だけ、「陰険な小人《こびと》」、「地下の住人」と言って、キリスト教の聖職者のことをあてこすったことはあるが。……

2

私がこのように仕事をはじめたことは、このうえなく注目に値する。私は、私のもっとも内奥の経験に対応するものとして、歴史上ただひとつしかない比喩を**発見したの**だ。――私は、まさにその発見によって、ディオニュソス的なものというすばらしい現象を、最初に把握したのだ。同様に、私がソクラテスをデカダンだと見抜いたことによって、明々白々だと証明されたことがある。つまり、私の心理学的な把握の確かさは、なんらかの道徳的特異体質の側から攻撃されても、ほとんど揺らぐことはないだろう、と証明されたのである。――道徳そのものがデカダンスの症候であるとしたことも、新機軸である。認識の歴史には例のない第一級の発見である。この2つの発見によって、私は、オプティミズム対ペシミズムという憐れむべき凡庸なおしゃべりを、高々と跳び越えてしまっていた。——つまり、本当に対立する２つのものを、私が最初に目にしたのだ。——その１つは、**退化している**本能である。復讐欲を地下に隠して生に反対する本能だ。（——その典型例としては、キリスト教が、ショーペンハウアーの哲学が、ある意味ではすでにプラトンの哲学も、それから観念論に理想主義がある）。そしてもう１つは、充実して、あふれんばかりに充実して生まれた公式である。**最高のイエスを言うこと**、つまり、なんの留保もつけずにイエスと言うことだ。苦悩そのものに対して、罪そのものに対して、現実に存在するいかがわしくて見知らぬもののすべてに対して。……このように最終的に、このうえない喜びにあふれ、このうえなく感きわまって大はしゃぎしながら、生に対してイエスと言うことは、たんに最高の洞察であるだけではない。それはまた、真実と学問によってもっとも厳密に証明され、断固として維持された、**もっとも深い**洞察でもある。存在するものは何ひとつ除外してはならない。何ひとつ不要なものはない。——キリスト教徒や他のニヒリストに拒否される現実の存在のさまざまな側面こそがむしろ、デカダンスの本能によって是認され、**善と呼ぶ**ことを許されたものなどより、価値の序列では無限に高い位階にあるのだ。このことを理解するには、**勇気**が必要である。そして勇気をもつ条件として、ありあまる**力**が必要である。というのも、勇気があえて前進を**許される**距離にぴったり必要な力の量にぴったり比例して、人は真理に近づくのだから。認識は、つまり、現実に対してイエスと言うことは、強者にとって必然であるが、まったく同様に、弱さの霊感を吹き込まれた弱者にとっては、臆病に現実から**逃げ出すこと**が——つまり「理想」が——必然なのだ。……認識することを、弱者は自由にできない。デカダンには嘘が**必要**だ。嘘は、デカダンが自分を維持するための条件のひとつなのだ。——「ディオニュソス的」という言葉を理解するだけでなく、「ディオニュソス的」という言葉で**自分のこと**を理解する者は、プラトンや、キリスト教や、ショーペンハウアーに反論する必要などない。——**その腐敗臭に気づいている**のだから。……

3

私が、まさにこの見方によって、どれくらい深く「悲劇的」という概念に達したのか、悲劇の心理学とは何かという最終的な認識に達したのかについては、先ごろも、

『**偶像の黄昏**』の139ページにはっきり書いた。「これまで経験したことのない、じつに過酷な生の問題を突きつけられているときでも、生に対してイエスと言うこと。生が無尽蔵であることを喜びながら、生の最高のタイプを**犠牲**にしているときに、生きようとすること。——**そのこと**を私は、ディオニュソス的と呼んだのだ。そのことを私は、**悲劇**詩人の心理学に通じる橋であると理解したのだ。悲劇は、恐怖や同情から解放されるため、激しい発散によって危険な情熱を洗い流すため——とアリストテレスは誤解していたが、**そうではなく**、恐怖や同情を超えて、生成《なる》という永遠の快楽**その****ものである**ためなのだ。快楽とは、**破壊の快楽**も含んでいるあの快楽のことなのだが。……」[『偶像の黄昏』〈私が古人に負っているもの〉5]。この意味で私には、自分のことを最初の**悲劇哲学者**であると理解する権利がある。つまり私は、ペシミズム哲学者の正反対であり対極なのである。私以前には、ディオニュソス的なものが哲学的なパトスに転換されることはなかった。**悲劇の知恵**がなかったのだ。——その兆しを求めて、私は、**偉大な**ギリシャの哲学者たちを探そうと、ソクラテスより2世紀**前**にまで溯ってみたが、無駄だった。ただ**ヘラクレイトス**には後ろ髪を引かれる思いがあった。ともかくヘラクレイトスのそばにいると、ほかのどこにいるときよりも暖かくて、気分がいいのだ。流転**と破壊**に対してイエスと言うこと。ディオニュソス的な哲学においては決定的なこと。対立や戦争にイエスと言うこと。「存在《あること》」の概念さえ断固と拒否する**生成《なること》**。――こういう考えに私はどうしても、これまでの思想のなかでは、もっとも親近感をもってしまうのである。「永遠回帰」の教え、つまり、すべてのものは循環して、無条件で無限にくり返すという教え。――このツァラトゥストラの教えは、結局、すでにヘラクレイトスが教えていたこと**かもしれない**。すくなくともストア派には、その痕跡がある。ほとんどすべての基本的な表象をヘラクレイトスから受け継いでいるのだから。――

4

この『悲劇の誕生』から聞こえるのは、とてつもなく大きな希望を語る声だ。結局、私には、音楽のディオニュソス的な未来への希望を取り下げる理由が、どこにも見当たらない。1世紀先に目を向ければ、こんなケースが考えられる。2千年にわたる反自然と人間の侮辱に対する私の暗殺計画が成功するのだ。生を謳う、あの新党派は、人類をより高いものに育成するという最大最高の使命に着手している。その使命には、退化し寄生するものをすべて絶滅することも含まれているのだが、その新党派は、あの**生の過剰**を地上でふたたび可能にするだろう。生が過剰になれば、ふたたびディオニュソス的な状態になるにちがいない。約束してもいいが、悲劇的な時代になる。生に対してイエスを言う最高の芸術、つまり悲劇が、ふたたび生まれるだろう。もしも人類が、もっとも過酷だが必要不可欠な戦争を意識することを、しかも**それに悩むことなく**意識することを、経験したときには。……心理学者なら、こうつけ加えることが許されるかもしれない。私が若いときにワーグナーの音楽で聞いたものは、まったくワーグナーとは無関係なものだ、と。また、私がディオニュソス的な音楽について説明したとき、私は、**私が**すでに聞いたことのあるものについて説明したにすぎない、と。——そして私は、本能的にすべてのものを、私がもっていた新しい精神に翻訳し、変形せざるをえなかったのだ、と。その証拠は、**たんなる証拠よりもはるかに強力な**証拠なのだが、私の著作『バイロイトのワーグナー』である。その本の、心理的に決定的なすべての箇所では、私のことしか語られていない。——原文にワーグナーという言葉があるところでは、容赦なく私の名前か「ツァラトゥストラ」という言葉に置き換えればよい。**ディオニュソス頌歌のような**芸術家の姿は、ツァラトゥストラを生む詩人の**前世の**姿である。その姿は、底なしの谷のような深さで描かれ、一瞬たりとも現実のワーグナーに触れることすらしていない。ワーグナー自身、それはわかっていた。『バイロイトのワーグナー』でワーグナーは自分の姿を見ることがなかった。——同様に、「バイロイトの思想」〔『バイロイトのワーグナー』8〕も、別なものに変身してしまった。私の『ツァラトゥストラ』の読者には謎の概念ではないだろうが、それは、あの**大いなる正午**である。大いなる正午に、選び抜かれた者たちが最高最大の使命に身を捧げる。——ご存知だろうか？ それは、私がこれから体験するだろう祭りの幻視である。……『バイロイトのワーグナー』の最初の数ページのパトスは、世界史的なパトスである。その7ページ〔『バイロイトのワーグナー』1〕に登場する**視線**が、本来のツァラトゥストラの視線だ。ワーグナーとか、バイロイトとか、ちっぽけで憐れなドイツなどは、ひとつの雲にすぎない。その雲に、はてしない未来の蜃気楼が映っているのだ。心理面についてさえ、私自身の気質の決定的な特徴はすべて、ワーグナーの気質として書き込まれている。——たとえば、もっとも明るい力と、もっとも不吉な力の共存。これまで人間がもったことのないような、力への意思。

無謀なほど勇敢な精神。学ぶ力は限度を知らないが、それで行動への意思が押しつぶされることはない。『バイロイトのワーグナー』では、すべてが予言のようだ。ギリシャ精神の再来が近いこと。ゴルディアスの結び目が［アレクサンドロス大王によって］解かれてしまった後に、**反アレクサンドロス派**がかならず登場して、ギリシャ文化のゴルディアスの結び目をふたたび**結ぶ**ことになること。……30ページ［『バイロイトのワーグナー』4］では「悲劇志向」という概念が導入されるのだが、そのときの世界史的なアクセントを聞いてもらいたい。この本から聞こえるのは、世界史的なアクセントばかりだ。それは、この世のものとは思えないほどエキゾチックな「客観性」である。私が何で**ある**か、についての絶対的な確信が、たまたまワーグナーという偶然の実在に投影されたのである。――私についての真実が、身の毛もよだつような深みからしゃべったのだ。71ページ［『バイロイトのワーグナー』9］では、ツァラトゥストラの**文体**が、切り込むような確かさで用いられ、先取りされている。ツァラトゥストラという**出来事**は、人類をとてつもなく浄化して聖別する行為だが、43ページから46ページにかけての文章［『バイロイトのワーグナー』6］ほど見事にこの出来事を表現している文章は、けっして見出されないだろう。――

反時代的考察

1

4編からなる『**反時代的考察**』は、十分に好戦的である。この4編が証明しているのは、私が「夢想家ハンス」［『ハムレット』に出てくる「夢想家ジョン」のドイツ語訳］ではなかったこと、剣を抜くことが私の楽しみであること、――そしてもしかしたら、私の手首が危険なまでにしなやかであることだ。**第1**の攻撃［1873］［〈ダーフィト・シュトラウス――信仰者にして著述家〉］は、ドイツ的教養に向けたものだ。それを私は当時、すでに容赦なく軽蔑し見下していた。意味もなく、実体もなく、目標もなく、たんなる「世論」にすぎないものだ、と。ドイツ人の武力による大成功がドイツ的教養のすばらしさをなんらかの形で証明しているのであります、とか――それどころか、**ドイツ的教養**がフランスに勝利したのだ、とまで信じることほど、タチの悪い誤解はない。……『反時代的考察』の**第2**編［1874］〈生に対する歴史の利害について〉」は、われわれの学問経営のやり方に見られる危険な側面、生をむしばみ毒する側面を、明るみに出した。――学問経営の非人間化した歯車装置とメカニズムや、研究者の「人格が**ないこと**」や、「分業」という間違った経済のせいで、生が**病んでいるのだ**。文化という**目的**が失われ、――手段である現代の学問経営が**野蛮になっている**。今世紀が誇りにしている「歴史的意味」が、この論文ではじめて病気として、衰退の典型的な徴候として認識されたのである。逆に『反時代的考察』の**第3**編と**第4**編では、**より高い**文化概念のためのヒント、「文化」概念の再建のためのヒントとして、もっとも激しい**自分欲**、**自己陶冶**の人物像が2つ紹介されている。この2つは、ずば抜けて反時代的なタイプであり、周囲で「帝国」、「教養」、「キリスト教」、「ビスマルク」、「成功」と呼ばれていたものすべてを、統治者のような目で軽蔑している。――2人の名前は、ショーペンハウアーとワーグナー。**あるいは**、それをひとことで言うと、ニーチェ。……

2

4つの暗殺計画のうち、最初の計画が異常な成功をおさめた。それが引き起こした騒ぎは、あらゆる意味で派手だった。勝ち誇っていた国民の傷口に私が触れたのだ。——つまり、ドイツ国民の勝利は文化的な出来事**ではなく**、もしかしたら、もしかしたらまったく別のことなのかもしれない、と。……それに対する反応は、四方八方からやってきた。まったく、ダーフィト・シュトラウスの旧友たちからだけではなかった。私はダーフィト・シュトラウスのことを、ドイツ的教養の俗物、自己満足の典型として、要するに、「古い信仰と新しい信仰」の居酒屋福音書の著者として、笑いものにしていたのだ（——教養の俗物という言葉は、この『反時代的考察』第1編に書いたもので、それから普通に使われるようになった）。私は、シュトラウスの旧友たちをヴュルテンベルク人、シュヴァーベン人と呼んで、きついひと刺しを見舞っておいたのだが、彼らは、私が彼らの驚嘆の対象であるシュトラウスを滑稽だと見なしていると知ったとき、願ってもないほど愚直で粗野な反応をしてくれた。プロイセン人の反応は、もっと利口だった。——もっと紺青《ベルリンブルー》を持っていた。もっとも下品な反応をしたのが、ライプツィヒの新聞、悪評高い「グレンツボーテン」だった［1873年10月17日の書評。バーゼル大学の悪口も書いている］。それに憤激したバーゼル人をなだめるのに、私は苦労した。無条件に味方をしてくれたのは2、3人の年配の紳士だったが、理由は込み入っていて、はっきりしない点もあった。そのうちの1人が、ゲッティンゲン［大学］のエーヴァルト［教授］で、私の攻撃はシュトラウスにとって致命傷になった、とほのめかしてくれた。同様の反応をしたのが、ヘーゲル派の老ブルーノ・バウアーで、以来、もっとも注意深い私の読者になってくれた。彼は晩年、好んで私の著作を参照することをすすめていた。たとえばプロイセンの史料編纂家、フォン・トライチュケ氏には、氏が見失った「文化」の概念を知るには、誰の著作を読めばいいのか、ヒントをあたえていたのだ。『反時代的考察』第1編とその著者について、もっとも思慮深く、もっとも長い書評を書いてくれたのが、哲学者フォン・バーダーの古い弟子、ヴュルツブルク［大学］のホフマン教授だった。この著作から大きな使命を著者の私に予見してくれた。——つまりそれは、無神論の問題において、転機を導入するような最高の決断をすることだが、その無神論の、もっとも本能的で、もっとも仮借ないタイプこそ私ではないか、と言い当ててくれたのだ。

私をショーペンハウアーのところへ連れていってくれたのは、無神論である。——最高においしく聞こえ、もっとも苦く感じられたのが、普段は温和なカール・ヒレブラントの異常に力強くて勇敢な声援だった。この最後の**ヒューマン**なドイツ人は、文章の書き方を心得ていた。その書評は、「アウクスブルク新聞」に出たのだが、今日では、もうすこし慎重な表現に改められて、彼の全集に収められている。書評ではこの私の著作が、事件、転換点、自覚の第一声、最高の徴候として紹介されていた。精神の領域において、ドイツ的な真摯さとドイツ的な情熱とが本当に**回帰**したのだ、と。彼は、私のこの著作がもっている形式を、成熟した趣味を、人物と事柄を区別するときの完璧な配慮を、たっぷりほめている。この著作を、ドイツ語で書かれた最良の論争書だとほめている。——論争の技術というのは、まさにドイツ人にとっては、じつに危険で、手を出すべきものではないのだが。私はあえてドイツにおける言葉の堕落を指摘したのだが(——今日のドイツ人は国語浄化論者の顔をして、文章ひとつ組み立てられなくなっている——)、彼はそれを無条件に肯定し、それどころか私の主張をさらに先鋭にしてくれたのだ。そして彼も同様に、ドイツ国民の「一流文筆家たち」を軽蔑してから、私の**勇気**に——あの「よりによって国民の人気者を被告席にすわらせる、という最高の勇気」に——賛辞を送ることで書評を終えている。……『反時代的考察』第1編のその後の影響は、私の人生では測り知れないほど大きい。これまで私は喧嘩を売られたことがないのである。みんな黙っている。私はドイツでは、陰鬱に用心して扱われる。何年も前から私は、言論の自由を無制限に使ってきた。言論の自由は、今日、まさに「帝国」では自由に**手**に入らない。私の楽園は、「私の剣の影に守られている」。……結局、私はスタンダールの格言を実行していたのだった。「世に出るには、**決闘**をもってせよ」と、彼は忠告している。おまけに私は、なんと見事に決闘の相手を選んだことか！　ドイツ一の自由精神を選んだのだ！……実際、まったく**新しい**種類の自由精神がこうしてはじめて声を上げたわけである。つまり今日まで私は、完全に欧米種の「自由思想家」たちとは縁もゆかりもないのだから。私にとって、「現代思想」にかぶれている彼ら、救いようのない凡庸な人間や道化役との断絶のほうが、どんな彼らの論敵との断絶よりも深い。彼らもまた、彼らなりに、彼らの姿に似せて、人類を「改善」するつもりなのだ。彼らは、私であるもの、私が**意思する**ものに対して、もしも彼らにそれが理解できたら、仮借《かしゃく》ない戦争をはじめるだろう。——彼らはみんなで一緒に、まだ「理想」というものを信じている。……

私は最初の**インモラリスト**である。——

3

『反時代的考察』でショーペンハウアーとワーグナーの名前のついた2編［第3編〈教育者としてのショーペンハウアー〉（1874）、第4編〈バイロイトのリヒャルト・ワーグナー〉（1876）］が、特別にこのふたりのケースの理解に役に立つかもしれない、いや、せめてその心理学的な問題設定くらいには役に立つかもしれないと、私は主張したいとは思わない。2、3の点については、もちろん例外もある。たとえば、深く本能的に確信したことだが、すでにここで、ワーグナーの本性は俳優の天分が基本にあり、ワーグナーのさまざまな手段や意図はその俳優の天分の帰結にすぎない、と指摘している。しかし、じつは私は、心理学とはまったく別のことをやろうと思ったのである。——比類のない教育の問題が、苛酷なまでの**自己陶冶**と**自己防衛**という新しい概念が、偉大さと世界史的な使命に通じる道が、はじめて姿を見せようとしていた。大きく見積もって、私は、幸運の女神の前髪をつかんでチャンスをつかむように、有名だが、まだまったく確定されていない典型である2人の前髪をつかんだ。そして、これまでにないペアの公式、記号、言語手段を手に入れるために、何かを述べたのである。このことは、まったく不気味なほど明敏に、『反時代的考察』第3編の93ページでもほのめかされている「〈教育者としてのショーペンハウアー〉7」。そうやってプラトンはソクラテスを、プラトンをあらわす記号として使ったのだ。今、すこし距離をとってあの状態をふり返ってみると、あの状態の証言者はこの第3編と第4編なのだが、私としては否定したくないことがある。つまり、この2編で語られているのは結局、私のことだけなのだ。第4編の〈バイロイトのワーグナー〉は、私の未来の幻視である。逆に〈教育者としてのショーペンハウアー〉には、私のもっとも内奥の歴史が、私の**生成**《なりたち》が書き込まれている。そしてなによりも私の**誓い**が！……私はこんにち**何**であるのか、私はこんにち**どこ**にいるのか、——もう言葉などではなく、稲妻でしゃべるような高みにいるのだが、——おお、ここからなんと離れたところに、私は当時いたのだろう！——だが私が**見ていた**のは、陸だった。——私は一瞬たりとも見誤ることはなかった。路を、海を、危険を——**それから**成功を！ 約束は、大きな安らぎをもたらす。たんなる約束に終わるはずのない未来が遠くに見えるのは、幸せだ！——ここではどの言葉も、体験に裏づけられ、深く、心がこもっている。この上なく痛い言葉もある。まさに血に飢えた言葉もある。だが一陣の、**大いなる**自由の風が、それらすべての上をかすめていく。傷も口を開くが、反論**はしない**ようだ。——私は、哲学者というものを、すべてを危険にさらす恐ろしい爆薬だと理解している。私が考えている「哲学者」という概念は、カントのような人までも含んでいるような概念とは、何マイルも離れている。もちろん、他人の考えをこねまわすアカデミックな「反芻動物」や、ほかにも哲学の教授などは、論外だが。このような事情について、この第3編が教えていることは、評価しきれないほど貴重である。もっとも、ここでしゃべっているのは結局、「教育者としてのショーペンハウアー」ではなく、その**逆**の「教育者としてのニーチェ」である、と認めてさえいただけるならばの話だが。——当時の私は学者が本職であり、そしてもしかしたら、本職をこなすだけの**能力**もあったことを考慮すれば、学者の心理学をかじって渋い思いをしたことは、無意味ではない。それは第3編に突然あらわれる。それは**距離の感覚**だ。私にとって何が**使命**であるのか、何がたんなる手段や幕間劇や副職にすぎないものなのか、深く確信したのである。私は利口なので、多くのものであったことがあり、多くの場所にいたことがある。ひとつになることができるように。ひとつのものに行きつくことができるように。私は一時期、学者にもなる**必要があった**のだ。——

人間的な、あまりに人間的な 付 2つの続編

1

『人間的な、あまりに人間的な』は、ある危機の記念碑である。自分で「**自由な**精神の持ち主たちのための本」と名乗っている『人間的な、あまりに人間的な』のサブタイトル」。この本のほとんどすべての文章が、勝利を表現している。——つまり私は、その文章で私を、私の本性のなかにある**非本来的なもの**から自由にしてやったのだ。非本来的なものとは、私に言わせれば理想主義のことである。タイトルはこう言っている。「**君たちは**理想的なものを見ているが、**私は**、——人間的な、ああ、あまりに人間的なものしか見ない」……私のほうが人間を**よく**知っている。……ここでは「自

由な精神」という言葉を、自分自身をふたたび所有して**自由になった**精神、という意味以外で理解してもらっては困る。この本からトーンが、声の響きがすっかり変わったのだ。この本は、利口で、冷静で、場合によっては厳しく、嘲笑的だと思われるだろう。**高貴な**趣味をもった精神性のようなものがつねに、それより情熱的な底流のうえに漂っていて、その底流を抑えつけているように見える。これに関連して意味深いことなのだが、この本は実際、**ヴォルテール**の没後百年をいわば口実にして、1878年になってから出版されたのである『人間的な、あまりに人間的な』は、1876年から1877年の冬に書かれたのだが、1878年の初版の扉には、1878年5月30日に没した「もっとも偉大な精神の解放者」に捧げると記されている」。というのも ヴォルテールは、彼の真似をして書いたすべての連中とは逆に、なによりも精神の大貴族であり、私もまさにそうなのだから。――私の本にヴォルテールの名前が登場すること――それは実際、進歩だった。――**私自身にむかって**歩みを進めたのだから。……この本をもっと詳しくながめてみれば、仮借ない精神を発見する。その精神は、理想が住みついている隠れ家を全部知っている。――理想は地下牢を隠れ家にして、いわば最後の安全をはかっている。精神が手にする松明《たいまつ》は、「ゆらゆら揺れる」

ことなどまるでなく、切り込むような明るい光で、理想がひそんでいる**地下世界**を照らし出す。それは戦争だ。しかしその戦争には、火薬も硝煙もなく、戦闘的なポーズもなく、パトスも四肢の脱臼もない。――そんなものがあること自体、まだ「理想主義」を卒業していないということだろう。誤った考えが、ひとつまたひとつ静かに氷のうえに置かれていく。理想は論駁されない。――**凍死する**のだ。……この本では、たとえば「天才」が凍死する。ちょっと**角**を曲がったところでは「聖者」が凍死する。太い氷柱《つらら》のしたで「英雄」が凍死する。最後には「信仰」が、いわゆる「信念」が凍死する。「同情」もどんどん体温を下げる。――ほとんどいたるところで「物自体《そのもの》」が凍死する。……

2

この本の最初のところを書いたのは、第1回バイロイト音楽祭が開かれていた数週間の最中のことだ。バイロイトで私を取り囲んでいたすべてのものに対する深い違和感が、この本の前提のひとつである。どんなビジョンがすでに当時の私の心をよぎっていたのか。それがわかる人なら、ある日、私がバイロイトで目覚めたら、どんな気持ちになったか、察してくれるはずだ。まるで夢でも見ているのか。……ここは、いったいどこなのか？　何ひとつ見覚えがない。ワーグナーもほとんど見覚えのない姿だった。むなしく私は自分の記憶をめくった。トリープシェン――あの、かなたの至福の島も、今は変わり果て、その影すらない。バイロイト祝祭歌劇場の起工式のまたとない日々、**本来そこにいるべき**少数の仲間たちが、祝いに駆けつけ、こちらが望まなくても、みんな繊細な指をしていた。だが、それも今は変わり果て、その影すらない。**何が起きてしまったのか？**――ワーグナーがドイツ語に翻訳されてしまったのだ！　ワーグナーの崇拝者がワーグナーの主人になってしまったのだ！――そして**ドイツの芸術！　ドイツのマイスター！　ドイツのビール！**……だが、われわれは違う。われわれは、あまりにもよく知っているのだ。ワーグナーの芸術が語りかけているのは、どんなに洗練されたアーティストに対してだけなのか、どんなに趣味のいいコスモポリタニズムに対してだけなのか、を。われわれは、ドイツの「徳」で飾り立てられたワーグナーを見せられて、怒りでわれを忘れた。私は、ワーグナーの崇拝者たちのことをよく知っているつもりだ。ワーグナーをヘーゲルと混同した故ブレンデルにはじまって、ワーグナーを自分たちと混同するバイロイト新聞の「理想主義者たち」に至るまで、3世代にわたって「体験」してきた。——私は、ワーグナーについて「美しい魂たち」が口にした、ありとあらゆる告白を聞いてきた。ひとつでも気の利いた言葉があるなら、王国をくれてやるぞ！［シェイクスピア『リチャード3世』］——実際、身の毛もよだつような連中だ！ ノール、ポール、**コール**と、名前まで優美に韻を踏んで、きりがない。出来そこないもいたし、反ユダヤ主義者までいた。——あわれなワーグナー！ どこへ迷い込んでしまったのか！——せめて豚の群れにでも迷い込めばよかったのだが！［「マタイによる福音書」8・32］しかし実際は、ドイツ人の群れに迷い込んだのだ！……最後に、後世への教訓として、生粋のバイロイト人を1人、剥製にしておくのがいいだろう。それも酒精《スピリトゥス》に漬けておくとなおいい。精神《スピリトゥス》が欠けているのだから。——そしてこんな説明文をつけるのだ。精神はこんな姿をしていました。この精神を土台にして「ドイツ帝国」が建設されたのです。……もういいだろう。私は音楽祭の最中に2、3週間の予定で旅に出た。きわめて唐突に。魅力的なパリの女性が私を慰めようとしてくれたのにもかかわらず。ワーグナーには、宿命的な電報で詫びただけだった。ボヘミアの森の奥深くに隠れているクリンゲンブルン村で、私はメランコリーとドイツ人への軽蔑を、病気のように抱えて歩き回った。——**そして、**「鋤《すき》の刃」を全体のタイトルにして、ときどき手帳に文章を書きつけた。**辛辣な**心理学的考察ばかりを。もしかしたらそれらの文章は、『人間的な、あまりに人間的な』で、まだ読むことができるかもしれない。

3

当時の私にとって決定的だったのは、ワーグナーとの決裂などではなかった。——私は、自分の本能がそっくり逸脱していると感じていたのだ。その逸脱の個々の失策は、その名前がワーグナーであれ、バーゼル大学教授であれ、たんなる症候にすぎなかった。自分に対する**苛立ち**が私を襲った。**私**に戻る潮時だと気がついた。突然、恐ろしいまでに明らかになった。なんと多くの時がすでに浪費されたことか。——私の使命を考えれば、文献学者としての私の生活全体が、なんと無益で、なんと気まぐれに思えることか。私は、そういう**場違いな**つつましさを恥じた。……この10年、実際にまったく私の精神の**栄養摂取**が止まってしまっていた。役に立つことを新しく学ぶことがなかった。ほこりまみれの博識のがらくたにかまけて、驚くほど多くのことを忘れてしまった。古典古代の韻律の専門家を綿密に、悪い目で、はうようにして読んでいく。――そんなところにまで私は落ちぶれていたのだ！――すっかり痩せこけて、すっかり腹ペコの自分を、私は憐れに思った。**現実のリアリティー**が私の知の内部にはすっかり欠けていたのだ！「さまざまな理想」など、糞の役にも立たなかったのだ！――まさに焼けつくような渇きに私はつかまれた。それ以来、私は実際、生理学、医学、自然科学のほかは何もやらなくなった。――私が、ようやく本来の歴史研究に戻ったのでさえ、私の**使命**にそれを強制的に命令されてからのことなのだから。あの頃はじめて私は、ふたつのものの関連にも気づいた。つまりひとつは、本能に反して選ばれた仕事、つまり、**まるで**神に召命《ベルーフ》などされてい**ない**のに、「職業《ベルーフ》」と呼ばれているものであり、――もうひとつは、荒涼とした飢餓感を、麻酔薬のような芸術――たとえばワーグナーの芸術――によって**麻痺**させたいという欲求である。注意して周囲をよく見まわしてみると、こういう関連と同じような非常事態に多数の若者が陥っていることに気づいた。ひとつの反自然が、もうひとつの反自然をみごとに**強要している**のだ。ドイツでは、はっきり言えば「帝国」では、ともかくあまりにも多くの人が、早々と自分の進路を決め、投げ出せなくなった重荷のもとで、じょじょに**衰弱して死んでいく**運命にある。……こういう人たちが、**阿片**を求めるようにワーグナーを求めるのだ。――われを忘れて、一瞬、自分から解放される。……いや、一瞬ではない！　**5時間から6時間も！**――

4

あの頃、私の本能は断固、もうこれ以上は譲歩しない、人といっしょには行かない、自分自身のことは勘違いしないと決心した。どんな生活でも、最悪の条件でも、病気でも、貧乏でも、――どんなものでも、屈辱的なあの「自分がないこと」よりは、まだましだと思えた。私は最初、無知から、若気の至りから自分をなくし、その後は、怠惰から、いわゆる「義務感」から自分をなくしたままでいた。――そのとき、じつにすばらしいやり方で、しかもぴったりのタイミングで、父側からのあの**困った**遺伝――つまり早死の宿命――が、助けにきてくれた。病気が、**私をゆっくり救い出してくれた**のだ。病気のおかげで私は、決裂することもまるでなく、暴力的で感じの悪い態度もまったくとらなくてすんだ。あの頃は、人の好意を失うことはなく、むしろたくさんの好意を受けたほどだ。同様に病気のおかげで私は、それまでの私の習慣を完全にひっくり返す権利を手に入れた。忘れることを許された。忘れることを**命じられた**のだ。静かに横になっていることを、ぶらぶらすることを、待って我慢することを、**強制的に**プレゼントされたのだ。……つまり、考えることを強制的にプレゼントされたのである！……目のことだけに話を限っても、私は本の虫に、言いかえれば文献学に終止符を打った。私は「本」から解放されたのだ。もう何年も何も読まなくなった。――それこそが、私が自分にあたえた**最大の**恵みなのだ！――ずっと他人の自分を聞いて**いなければならない**（――つまり、本を読んでいなければならない！）ので、いわば土に埋もれて、いわば静かになってしまっていた最低の自分が、ゆっくり、おずおずと、心配そうに目を覚まし、――ようやく**ふたたびしゃべりはじめた**のである。私が自分にこんなに幸せを感じたのは、私の人生でもっとも重い病気に苦しみ、もっとも痛い思いをした時期以外にはない。『朝焼け』とか、またたとえば『さすらい人とその影』とかを読んでもらえれば、この「**私**への帰還」がどういうことだったのか、わかってもらえるはずだ。最高級の**回復**そのものだったのだ！……からだの回復は、その結果にすぎない。――

5

『人間的な、あまりに人間的な』は、厳格な自己陶冶の記念碑である。この記念碑によって私は、これまで引きずっていた「高等詐欺」、「理想主義」、「美しい感情」、その他の女々しいものすべてに、私の手で一気にとどめを刺した。記念碑の主要部分はすべてソレントで書きつけたものである。この本が完結して、最終的な形になったのは、バーゼルの冬だったが、状況はソレントの冬とは比べものにならないほど不都合だった。実際のところは、当時バーゼル大学の学生で私にひどく傾倒していた**ペーター・ガスト**氏が、この本の責任者である。私は、頭痛のため鉢巻きをして口述し、彼が書き取り、校正までした。――私は原作者だが、実際に文字を紙に書きつけたのは彼のほうだ。ようやく本ができて私の手もとに届いたとき――重病人はひどく驚いたのだが――、ほかにも寄贈したが、バイロイトに2部送った。それと同時に、偶然にも意味があるという奇蹟なのか、私の手もとに『パルジファル』の台本が1部届いた。美しいその本には、私に宛てて「親愛なる友フリードリヒ・ニーチェへ。教会顧問リヒャルト・ワーグナー」というワーグナーの献辞が添えられていた。――こうして2冊の本が交差した。――私はそこに不吉な音が聞こえたような気がした。まるで**剣と剣が**交差したような響きではなかったか？……いずれにしても私たちはふたりとも、そう感じたのだ。ふたりとも沈黙したままだったのだから。――その頃、バイロイト新聞［月刊］が創刊された。私にはわかった。**何をしなければならない**潮時だったのか。――信じられないことに！　ワーグナーが敬虔になってしまっていたのだ。……

6

あの頃［１８７６年］の私が、自分をどんなふうに考えていたか。私の使命と、それが世界史に果たす役割について、どんなに絶大な自信をもっていたか。それを証言しているのが、『人間的な、あまりに人間的な』という本の全体であり、しかしなかでも、ある非常に明確な1箇所である。ただ、私の本能的な策略によって、その箇所でも「私」という言葉は回避して、そしてまた今回はショーペンハウアーやワーグナーではなく、私の友人のひとり、優秀なパウル・レー博士を、世界史的な栄光で包んだのである。——幸いなことに、あまりにも敏感な男だったので。……**ほかの連中**は、あまり敏感でなかった。私の読者には、どうしようもなくひどい読者がいる。たとえば典型的なドイツの大学教授がそうなのだが、私はいつも、ひどい読者を見分ける目安をもっていた。つまり読者が、先述の「ある非常に明確な1箇所」にもとづいて、この私の本全体を、かなり高級なレーアリズム〔リアリズムRealismusを念頭にパウル・レー（Paul Rée）をもじった造語Réalismusで、「レー主義」というほどの意味〕だと理解しなければならないと思ったら、それは、どうしようもなくひどい読者なのだ。実際、私の『人間的な、あまりに人間的な』には、私の友人レーの本に書かれている5、6個の命題への反論も含まれていたのである。この点については、『道徳の系譜』の序言を参照してもらいたい。——さて、先述の「ある非常に明確な1箇所」〔『人間的な、あまりに人間的な』第1巻37〕というのは、以下のような内容である。〈もっとも大胆で、もっとも冷たい思想家のひとりで、『道徳感覚の起源』〔パウル・レー著、1877刊〕の著者（ここは、最初の**インモラリスト**であるニーチェ、と読み替えてもらいたい）が、人間の行動を縦横無尽に鋭く分析したおかげで、たどり着いた主要命題というのは、どういうものなのか？「道徳的な人間のほうが自然な人間より英知界に近い、というわけではない。**というのも**、英知界など存在しないのだから……」。この命題は、歴史認識のハンマーで打たれること（これは、**あらゆる価値の価値転換**、と読み替えてもらいたい）によって、硬くなり切れ味も増して、もしかしたらそのうち、近い将来――１８９０年！――にでも、人類の「形而上学的な欲求」の根っこに打ち込む斧として役に立つかもしれない。――それが人類にとって祝福となるか、呪いとなるか、誰が言うことができるだろう？　しかしいずれにしても、斧になる命題は、このうえなく重大な結果をもたらすことだろう。実り豊か《フルフトバール》であると同時に恐ろしく《フルヒトバール》もある斧は、偉大な認識がかならずもっている**二重の視線**で、世界をのぞき込むだろう〉……

朝焼け

道徳は偏見であるという思想

1

この本によって私の**道徳**撲滅キャンペーンがはじまった。とはいえ、きな臭い火薬のにおいは微塵もない。——鼻の穴がちょっと敏感なら、まったく別の、はるかに好ましいにおいをこの本から嗅ぎ取るだろう。この本は大砲でもなければ、小銃でもない。この本の作用が否定的であるとしても、この本がとっている手段は、そんなに否定的なものではない。そこから出てくるのは、結論《シュルス》のような効果であって、大砲の発射《シュス》のような効果**ではない**。読み終わってこの本に別れを告げるときには、これまで道徳という名のもとで尊敬され、崇拝すらされてきたすべてのものに対して、おずおずと用心するようになるのだが、そのことは、この本の全体にわたって否定的な言葉も、攻撃も、悪意もないことと、矛盾するわけではない。――むしろこの本は、岩のあいだで日向ぼっこしている海の小動物のように、からだを丸めて、幸せそうに日向ぼっこして寝転んでいるのだ。結局、私自身がその小動物だったのである。この本のほとんどの文章も、ジェノヴァ近郊のごつごつしたあの岩場で考え出され、**孵化したもの**である。あの岩場には誰もおらず、私はひとりで海と秘めごとをしていた。今でも、たまたまこの本を手に取ると、ほとんどの文章を読んでも、それがきっかけで私は、なにか比べようのないものを深いところから引き上げている。そして引き上げたものの肌全体が、思い出のかすかな身ぶるいによって震えている。この本の特技は、ささやかな技ではない。音も立てずに軽やかに過ぎ去っていくものを、つまり、私が神のようなトカゲと呼んでいる瞬間を、ピンでそっと留めるように固定してみせるのだから。――それはたとえば、あの若いギリシャの神［アポロン］があわれなトカゲを槍で突き刺したような残酷さで、ではないのだが、いずれにしても、なにか尖ったもので、そう、ペンで突き刺すのである。……「まだ光を放っていない朝焼けが、こんなにもたくさん」――この**インドの**銘文［『リグ・ヴェーダ』］がこの本の扉に印刷されている。この本の生みの親は、あの新しい朝を**どこに求めているの**か？ ふたたび一日が——ああ、新しい日々の全系列、全世界が！——はじまる、あの朝焼けは、これまでまだ発見されていないのだが、そのほのかな朝焼けを、この本の生みの親は、**どこに求めているの**か？ **あらゆる価値の価値転換**のなかにだ。あらゆる道徳価値を脱することのなかにだ。これまで禁止され、軽蔑され、呪われてきたあらゆるものに対して、イエスと言って信頼をしめすことのなかにだ。イエスと言うこの本が、悪いものごとに的を絞って、その光を、その愛を、その優しさを降り注ぐのだ。この本は、悪いものごとのために、「魂」を、良心を、現在の存在に対する高い権利と**特権**を取り戻してやる。道徳が攻撃されることはない。ただ目を向けられなくなるだけだ。……この本は、「それとも？」という言葉で終わっている。——「それとも？」という言葉で終わっているのは、この本だけだ。……

2

私の使命は、人類の最高の自覚の瞬間を準備することである。**大いなる午後**を準備することである。大いなる午後に人類は、後ろを見て、前を見る。大いなる午後に人類は、偶然と聖職者の支配から抜け出して、「なぜ?」「なんのために?」という問いを、はじめて**全体として**投げかける。——この使命は、次のことが洞察されたとき必然的に生まれてくる。つまり、人類が正しい道を歩くのは自分の力によるの**ではない**、ということ。人類の統治は神によってなど**ではない**、ということ。むしろ、まさに人類にとってもっとも神聖な価値概念があったからこそ、否定の本能が、腐敗の本能が、デカダンスの本能が力をつけて、誘惑してきたのだ。だから、道徳の価値の由来を問うということは、私にとっては**第一級の**問いなのである。なぜなら、この問いが人類の未来を決定するのだから。すべては最上の手に委ねられているのです。1冊の書物が、つまり聖書のことですが、人類の運命における神の導きと知恵について究極の安らぎをあたえてくれるのです。こういうことを**信じ**なさいという要求とは、現実の世界に戻して翻訳すれば、それとは逆の憐れむべき真実を明るみに出さないという意思のことなのだ。つまり人類は、これまで**最悪の**手に委ねられていたのであり、失敗した者、腹黒く復讐に燃える者、いわゆる「聖者」、つまり世界を誹謗し、人類を侮辱する者たちによって、統治されてきたのだ。決定的な目印は、どこにいても、非利己的な者には無条件に価値が認められ、利己的な者には敵意がしめされるということだが、これを目印にするとわかることがある。聖職者（――**隠れた**聖職者である哲学者も含めてだが）は、ある特定の宗教的な共同体の内部だけではなく、あらゆる場所で主人となってしまい、デカダンスの道徳、終末への意思が、道徳**そのもの**として通用しているのだ。この点にかんして私と一致しない者を、私は**感染者**と見なす。……だが全世界が私とは一致しない。……生理学者にとって、このような価値の対立は自明のことにほかならない。有機体の内部で、取るに足りない器官は、自分の維持、自分の力の補給、自分の「エゴイズム」をしっかり完璧にやり通さなければならないのに、ほんのわずかでもそこに手抜きがあると、その有機体全体が退化するのだ。生理学者は、退化したその部分の**切除**を要求する。退化するものとの連帯をすべて否定する。それに同情するなど、思いもよらない。だが聖職者が**欲する**のは、まさに全体の退化、人類の退化にほかならない。だから聖職者は、退化するものを**保存する**。――そしてその報酬として人類を支配するのだ。……あの嘘の概念、つまり「魂」、「精神」、「自由意思」、「神」といった道徳の**補助**概念は、人類を生理学的に破滅させるという意味のほかに、どんな意味をもっているのだろうか？　自分を維持することに、からだの力を高めることに、**ということは生の**力を高めることに真剣でなくなることは、また、萎黄病から理想を、からだの軽蔑から「魂の救済」をでっち上げることは、デカダンスになるための**処方**でなくて、何だろう？――重力を失うこと、自然な本能に抵抗すること、ひとことで言えば「自分がないこと」――それらはこれまで**道徳**と呼ばれていた。……『朝焼け』によって私ははじめて、脱自分化の道徳に対する戦いに着手したのだ。――

楽しい学問（"la gaya scienza"）

『朝焼け』は、イエスを言う本だ。深い、けれども晴れやかで、心やさしい。同じことがもう一度、しかも最高の度合いで『楽しい学問』についても言える。この本のほとんどすべての文章において、深い意味といたずら心がやさしく手をつないでいる。この詩は、私が体験したもっともすばらしいこの1月という月に感謝をあらわした詩である。——この本全体がその1月からのプレゼントなのだが、——この詩は、「学問」がここでどんな深みから**楽しい**ものになったのかを、十二分に告げている。

あなたは炎の槍で
わたしの魂の氷を粉々に砕く。
わたしの魂は疾風《はやて》のように海に急ぐ。

海は、わたしの魂の最高の希望。
こぼれんばかりの愛に満ちた必然のなかで自由に、
ますます晴れやかに、ますます健《すこ》やかに、魂が急ぐ——
こうやってわたしの魂は、あなたの奇蹟を讃えるのです。
このうえなく美しいヤヌアリウスよ！

［『楽しい学問』第４書〈聖ヤヌアリウス〉のエピグラフ。エピグラフには「1882年1月、ジェノヴァ」が添えられている。ヤヌアリウスは両性具有の聖人でもあるので、しばしばこの詩は、ニーチェのゲイ告白としても引用される］

ここで「最高の希望」と呼ばれているものが何なのか。これについては、この本の第４書のしめくくり［342］として、『ツァラトゥストラ』の最初の言葉がダイヤモンドの美しさで輝いているのを見た人なら、疑ったりはしないだろう。——あるいはまた、この本の第３書の終わりにある花崗岩のような文章たち［268～275］を読んだ人なら、疑ったりはしないだろう。それらの文章によって運命が**永久に**、はじめて公式のように表現されている。——「**プリンツ・フォーゲルフライの歌**」［『楽しい学問』付録」は、大部分がシチリアで作られたが、明らかにそれは、「楽しい学問」というプロヴァンス的な概念を思い出させる。つまり、**歌手**と**騎士**と**自由精神**がひとつになったもので、その一体感によって、プロヴァンス人たちのすばらしい初期文化［中世のトルバドゥール］が、あらゆる他のあいまいな文化から際立っているのだ。とくに「プリンツ・フォーゲルフライの歌」の一番最後の詩「**ミストラルに寄せて**」は、陽気なダンスの歌だが、そこでは失礼ながら！道徳の頭上をダンスしながら越えていく。完全なプロヴァンス主義なのだ。——

ツァラトゥストラはこう言った
これは、みんなのための本であり、誰のための本でもない

1

これから『ツァラトゥストラ』の歴史を話すことにする。この作品の根本の構想は、**永遠回帰の思想**である。およそ考えることのできる最高のこの肯定の公式は、——1881年8月に生まれた。この考えは紙切れに書きつけられ、「人間と時間の彼方6千フィートのところで」と書き添えられている。私はあの日、シルヴァプラーナ湖畔の森を散歩していた。ズルライからあまり離れていないところで、ピラミッドのようにそびえる巨大な岩のそばに立ち止まった。そのときこの思想がやってきた。——その日から数えて2、3か月前のことだが、その前兆として、私の趣味が、とくに音

楽の趣味が、突然、ものすごく深いところで変わっていたことに気づいた。もしかしたら『ツァラトゥストラ』は全編が音楽であると考えてもいいかもしれない。確かに、**聞く**術において生まれ変わることが、『ツァラトゥストラ』の前提条件だった。ヴィチェンツァからあまり離れていない山の小さな温泉レコアーロで、私は1881年の春を過ごした。私のマエストロで友人のペーター・ガストは、私と同様、聞く術において「生まれ変わった」人間だが、その彼といっしょに私はレコアーロで目撃した。音楽という不死鳥が、これまで見たことがないほど軽やかに、明るく輝きながら羽ばたいて、私たちをかすめるようにして飛んでいったのだ。それとは逆に、永遠回帰の思想の受胎日から、1883年2月の、まるで信じられないような状況で突然はじまった分娩の日までを数えてみると、——ちなみに私は、『ツァラトゥストラ』第1部の終わりの部分からいくつかの文章を、『この人を見よ』の「**はじめに**」に引用しているのだが、その部分はちょうど、リヒャルト・ワーグナーがヴェネツィアで亡くなった聖なる時刻に仕上げられたものだ、——『ツァラトゥストラ』の妊娠期間は18か月ということになる。ちょうど18か月という数字から、すくなくとも仏教徒には、ニーチェは本当は牝象《めす》ではないか、と思われるかもしれない。その妊娠期間中に『楽しい学問』が生まれた。なにか比類のないものが近くにある、という前兆を百個もっている本だ。最後にこの本は『ツァラトゥストラ』の冒頭をそのまま載せている［第4書342］。また第4書の最後から2番目には［341］、『ツァラトゥストラ』の根本思想を載せている。同様に、妊娠期間中にあの（混声合唱とオーケストラのための）「**生への讃歌**」［作曲1882年］が生まれ、そのスコアは2年前に［これはニーチェの勘違いで、実際は1年前の1887年に］ライプツィヒのE・W・フリッチュ社から出版された。「生への讃歌」は、もしかしたら重要でなくはないかもしれない症候として、作曲当時の私の状態をあらわしている。つまり1882年は、**イエスと言う**特別のパトスが、それを私は悲劇的なパトスと呼んでいたのだが、最高のレベルで私に宿っていたのだ。「生への讃歌」は、いずれそのうち私を追悼するときに歌われるだろう。――誤解が広まっているので、はっきり言っておくが、歌詞は私が書いたものではない。当時、私が親しくしていたロシアの若い女性、ルー・フォン・ザロメ嬢の、驚嘆すべきインスピレーションの産物である。この詩の最後の数語から意味をうかがえるような人なら、なぜ私がこの詩を贔屓《ひいき》にして賛嘆したのか、察しがつくだろう。すばらしいからである。痛みが、生に対する異議とは見なされて**いない**のだ。「生よ、私にくれるほど幸せが残ってないなら、それもよし！　**あなたにはまだ苦痛が残っているでしょう……**」。もしかしたらこの箇所につけた私の音楽もすばらしいものかもしれない。（オーボエの最後の音は、嬰ハ音であって、ハ音ではない。ここは誤植である）。——「生への讃歌」を作曲した後の冬は、ジェノヴァからあまり離れていないラパロの、あの優美で静かな入り江で暮らした。入り江は、キアーヴァリとポルト・フィーノ岬のあいだに切り込んでいる。私の健康は最上ではなかった。冬は寒く、異常に雨が多かった。小さな宿は海のすぐそばにあったので、波が高い夜は眠ることができず、ほとんどあらゆる点で望ましいことの反対だった。それにもかかわらず、そして〈すべての決定的なことは「それにもかかわらず」起きる〉という私の命題をほとんど証明するようにして、私の『ツァラトゥストラ』が生まれたのは、この冬、この不都合な状況においてだった。——午前は、私は南に向かって、ゾアグリに通じるすばらしい街道をのぼっていった。松林のそばを通り、はるかに広がる海を見渡しながら。午後は、健康が許す日はできるだけ、サンタ・マルゲリータから向こう側のポルト・フィーノまで、入り江をぐるっと回った。この場所とこの風景は、忘れがたいドイツ皇帝フリードリヒ3世に非常に愛されていたことによって、私の心にさらに親しいものになっていた。私は偶然、1886年の秋にこの海岸にやってきたのだが、それは、皇帝がこの小さな忘れられた幸福の世界を、最後に訪れたときだった。——この午前と午後の散歩の道で、私の心に『ツァラトゥストラ』第1部の全体が浮かんだ。とくにツァラトゥストラその人が、典型として浮かんだのだ。いや正しくは、ツァラトゥストラが**私を襲ったのだ**。……

2

このツァラトゥストラという典型を理解するためには、まず彼の生理学的前提をはっきりさせておく必要がある。その前提とは、私が**大いなる健康**と呼ぶものだ。この概念をうまく、**私自身の言葉で**説明するには、私がすでに『楽しい学問』第5書の最後でやった説明が一番だろう。「われわれは新しい者、名前のない者、理解されにくい者であり」——と、そこには書いている。——「まだ証明されていない未来の早産児である。新しい目的のためには、同じく新しい手段が、つまり新しい健康が必要になる。これまでのどのような健康よりも強くて、抜け目がなくて、強靭で、大胆で、陽気な健康が必要になる。魂が、これまでの価値や望ましいことをすべて腹いっぱい体験しつくしておきたいと渇望し、理想上の『地中海』のすべての沿岸を周航しつくしておきたいと渇望するとき。そしてまた、理想の征服者や発見者がどのような気持ちなのか、同様に、芸術家や、聖者や、立法者や、賢者や、学者や、敬虔な信者や、古いタイプの神を信仰する隠者が、どのような気持ちなのかを、本当に自分自身で経験するという冒険を通して、知ろうとするとき。そんなときに、なによりもまず必要なのが、**大いなる健康**である。――大いなる健康は、たんにもっているだけでなく、つねに獲得しつづけるものであり、獲得する必要があるものだ。なぜなら、くり返し放棄され、放棄されざるをえないものだから。……さてわれわれは、理想を求めて冒険をつづけるアルゴー船の乗組員として、長いあいだ旅をしてきた。もしかしたら利口というよりは勇敢で、何度も難破しては怪我をし、しかし、すでに述べたように、許されがたいほど健康で、危険なほど健康で、くり返し健康だった。――その結果、どうしてもわれわれには、その報酬として、誰もその境界線を見たことのない未発見の国が目の前にあるかのように思えてしまうのだ。その国は、これまでのあらゆる理想の国や僻地の、彼岸にある。そして美しいもの、見知らぬもの、疑わしいもの、恐ろしいもの、神々しいものに満ちあふれた世界なので、われわれの好奇心も、われわれの所有欲も、われを忘れてしまった。——ああ、いまやもうわれわれを満足させてくれるものがなくなってしまったのだ！ こんな展望をもち、知と良心がこんなに渇望するようになった以上、どうやってわれわれは、**現在の人間**で満足できるのだろう？ 困ったことに、しかも避けられないことだが、われわれは、現在の人間のなんとも厳《おごそ》かな目標や希望をながめるとき、まじめな顔をとりつくろっている。もしかしたら、ながめることすらしなくなっているのかもしれない。……われわれが目の前に見ているのは、別の理想だ。奇妙で、誘惑者のようで、危険に満ちた理想だから、誰にもすすめたいとは思わない。なぜならわれわれは、誰に対しても**その理想に対する権利**をそう簡単には認めてやらないからだ。その理想とは、これまで聖、善、不可侵、神的と呼ばれてきたすべてのものを相手にして、素朴に、つまり無心に、そしてあふれんばかりに充実して力強く遊ぶことのできる精神がもっている理想である。そういう精神にとっては、民衆が当然のことながら価値の規準にしている最高のものも、すでに危険、衰退、屈辱というような意味しかもたないだろう。または、せいぜい、休養、盲目、一時的な自己忘却というような意味しかもたないだろう。精神の理想は、人間的＝超人的な元気・好意がもっている理想で、しばしば**非人間的**だと思われるだろう。たとえば、これまで地上で真面目とされてきたすべてのことの隣に、またこれまでの厳粛な身ぶり、言葉、視線、道徳、使命の隣に、姿を見せた精神の理想は、これまでの真面目や厳粛の意図せざる生身のパロディーに思えてしまうのだ。――そしてそれにもかかわらず、この精神の理想とともに、もしかしたら**大いなる真面目さ**がはじめて起動するのかもしれない。本来の疑問符がはじめて打たれ、魂の運命が向きを変え、時計の針がぐいと動き、悲劇が**はじまる**。……」

3

――この19世紀末に、昔の力強い時代の詩人たちがどういうことを**インスピレーション**と呼んでいたのか、はっきりわかっている人はいるだろうか？　もしも誰もいないなら、私が説明しよう。――ほんのわずかでも迷信の名残りをもっている人なら、実際、自分が圧倒的な力のたんなる化身、たんなる口、たんなるメディアにすぎないのだという考えを、ほとんど払いのけることができないだろう。啓示という概念は、突然、言うに言えないほど確かで微妙に、何かが**見えるように**なり、聞こえるようになるという意味だが、その何かは、人をもっとも深いところで揺さぶり、狼狽させる。その意味で、啓示はたんに事実を述べているだけのことである。人は聞くのであって、探すのではない。人は受け取るのであって、誰がくれるのかと質問はしない。稲妻のように思想はひらめく。必然的に、ためらいなどなく。――私は選択などしたことがない。恍惚となるだけだ。とてつもないその緊張は、ときどき解けて、涙になって流れる。恍惚となると、歩き方が思わず、激しくなったり、またゆっくりになったりする。完全にわれを忘れた状態になるのだが、爪先まで無数のふるえやおののきを明確に意識している。その幸せの深みでは、もっとも苦痛で暗い思いが、幸せに対立するものとしてではなく、幸せの条件として作用しているのだ。幸せに挑発されたものとして、幸せの過剰な光のなかで**必然的な**色として。もっとも苦痛で暗い思いは、リズムの本能である。それは、さまざまの空間に広がっているさまざまの形態のうえにアーチ状にかかっている。――長さは、広くアーチ状にかかるリズムへの欲求であり、ほとんどそれはインスピレーションの力を測る尺度であり、圧力と緊張に対抗する一種の調停役になっている。……これらのことすべては、最高度に意思とは無関係に起きるのだが、しかし自由の感情、無条件、力、神性の嵐に見舞われているようでもある。……形象が、比喩が意思と無関係であることは、きわめて注目に値することだ。私たちにはもう、何が形象で、何が比喩なのか、わからなくなっている。すべてのものが、一番近くにあって、一番正しくて、一番単純な表現だと思われる。実際、ツァラトゥストラの言葉を思い出すなら、事物が自分のほうからやってきて、比喩に使ってくださいと頼んでいるかのようなのだ。（――「ここでは、あらゆるものごとが、あなたの言うことに優しく寄ってきて、お世辞を言う。あなたの背中に乗りたいからね。あなたはどんな比喩に騎乗しても、どんな真理にだってたどり着ける」。「ここでは、すべての存在の言葉が、その言葉を詰めた聖体容器がぱっと開く。すべての存在がここで言葉になろうとする。すべての生成が、語ることをここで俺に教わろうとする。――」〔『ツァラトゥストラ』第3部「帰郷」〕）。これが、**私の**インスピレーションの経験である。私は疑わない。「それは私も経験したことです」と私に言っても許される人を見つけるには、何千年も昔に遡るしかないのだ。――

4

その後の2週間、私はジェノヴァで病気で寝ていた。それからローマで憂鬱な春を過ごした。そこで私は我慢して、やっとの思いで生きていた。——が、簡単なことではなかった。好きで選んだ町ではなかったが、『ツァラトゥストラ』の詩人にとって地上でもっとも下品なこの町は、私を死ぬほど不機嫌にした。私は脱出しようとした。——**ラクイラ**に行こうと思った。ローマの反対概念だ。ローマに対する敵意から造られた、私もいつか造りたいと思うような町である。この町は、申し分のない無神論者で教会の敵、私にもっとも近い親族のひとり、偉大なるホーエンシュタウフェン家の皇帝フリードリヒ2世の思い出の町である。しかしそれにもかかわらず私は不幸にも、ローマに戻るしかなかった。**反キリスト教の**地区を探したが疲れ果てて、結局、バルベリーニ広場で満足することにした。ことによると、悪臭をできるだけ避けたいと思って、クイリナーレ宮殿にまで出かけ、哲学者向きの静かな部屋はありませんか、と問い合わせることさえしたかもしれない。——バルベリーニ広場をはるか下に見下ろせる開廊《ロッジア》からは、ローマの町が見渡せて、ずっと下では噴水がほとばしる音が聞こえた。その開廊《ロッジア》で、これまで作られた詩のなかでもっとも孤独なあの歌が作られた。「**夜の歌**」だ。その頃、言うに言えない憂鬱なメロディーに私はずっと取り囲まれていた。そのリフレーンを言葉にすれば、「不死ゆえに死す……」となると思った。夏に私は、ツァラトゥストラの思想の稲妻が最初にひらめいた聖地に帰郷し、『ツァラトゥストラ』第2部を見つけた。10日間で十分だった。どちらの場合でも、つまり第1部のときも、最後の第3部のときも、10日以上は必要なかった〔『ツァラトゥストラ』は全4部だが、『この人を見よ』を書いている時点では、第4部は私家版で未公刊だった〕。その年の冬、ニースの穏やかな空が私の人生を当時はじめて輝かせてくれたのだが、その冬空のもとで私は『ツァラトゥストラ』第3部を見つけた。——そして完成した。『ツァラトゥストラ』全体で、1年もかかっていない計算になる。ニースの土地の目立たない場所や丘の多くが、忘れがたい瞬間によって私には神聖なものとなった。あの決定的な1章は、「新しい石板と古い石板について」というタイトルだが、駅から大変な難儀をしてあのムーア人のすばらしい岩の砦《とりで》エズまで登っていくときに作られた。——創作力がもっとも豊かに湧き出るとき、私の場合、いつも筋肉がもっとも機敏に動いた。**からだ**が、霊感をうけているのだ。「魂」のことなど放っておこう。……しばしばダンスしている私の姿が見られたはずだ。あの頃、私は疲れることをまるで知らず、7、8時間は山を歩くことができた。よく眠り、よく笑った。──私は文句なしに達者で我慢づよかった。［『ツァラトゥストラ』第4部「自分から乞食になった男」］

5

それぞれ10日で仕上げた3部の仕事を別にすれば、『ツァラトゥストラ』を書いていた間の、とくに『ツァラトゥストラ』を書き終わって**からの**数年は、前例のない非常事態だった。不死であることの代償は高くつく。不死であるためには、生きているあいだに何度も死ぬからだ。──偉大なものの恨み、と私が呼ぶものが、世の中には存在する。作品であれ、行為であれ、偉大なものはすべて、完成したとたん、その生みの親に**刃向かって**くる。まさに生みの親になったことによって、いまや親は**弱い**存在なのだ。──つまり、自分のやったことに耐えきれなくなっている。自分のやったことを直視できない。欲してはならなかったものを、人類の運命のなかに結び目が結び込まれているものを、**仕上げて、**――いまやそれを**背負い込んで**いる！……生みの親は、ほとんど押しつぶされている。……偉大なものの恨みなのだ！――２番目に困った点は、自分のまわりで聞こえる恐ろしい静かさである。孤独の皮は７枚。７枚の皮を突き抜けるものはない。人間のところへ行く。友人に挨拶する。だがそこは新しい荒れ地。どの視線も挨拶を返してくれない。反逆のような態度が、まだしも一番ましな反応である。その種の反逆を私は経験した。じつにさまざまの度合いで。しかも、私が親しくしていた全員に反逆された。突然、距離を気づかせることほど、人を傷つけるものはないようだ。――人を尊敬しないでは生きていられないという**高貴な**人種は、めずらしい。――３番目に困った点は、ちょっと触れただけなのに肌が馬鹿みたいに反応することだ。ちょっとしたことにでもお手上げの状態になる。それは、防衛力をとてつもなく浪費するからではないかと私には思える。あらゆる創造的な行為は防衛力の浪費を前提にしている。もっとも独自で、最奥で、最低のところから生まれてくる行為はすべて、防衛力の浪費を前提にしている。**小さな**防衛能力はそのため、いわば土俵の外に置かれている。そちらには力が供給されなくなっている。――あえて言うと、そのときは消化不良になり、動くのがおっくうになり、悪寒や、それに不信感にさらされてばかりいる。——不信感というのは、多くの場合、病因の読み違えにすぎないのだが。そんな状態のあるとき、もっと穏やかで、もっと人なつっこい思想が戻ってきたので、私は、まだ見えないけれど、雌牛の群れが近くにいることを感じた。**思想も雌牛も**、からだが温かいからだ。……

6

この『ツァラトゥストラ』という作品は、完全にひとりで立っている。詩人のことなど脇にのけておこう。もしかすると、これほど過剰な力から生み出されたものは、他にはないかもしれない。「ディオニュソス的」という私の概念が、ここで**最高の行為**となったのだ。これに比べれば、その他の人間の行為はすべて、貧弱で制限されているように思える。ゲーテのような詩人、シェイクスピアのような詩人でも、このようなとてつもない情熱と高揚に見舞われたときには、一瞬たりとも呼吸することができないだろう。ダンテでさえ、ツァラトゥストラに比べると、信心深い男にすぎず、真理をはじめて**創造する**者でも、**世界を統治する**精神でも、運命でもない。——

ヴェーダの詩人も聖職者であって、ツァラトゥストラのような人物のサンダルのひもを解くにも値しない。こんなことは取るに足らぬことであって、『ツァラトゥストラ』という作品が生きている隔たりや、**紺碧の**孤独を理解する手がかりにはならない。ツァラトゥストラには、次のように言う永遠の権利があるのだ。「俺は自分のまわりに輪を描く。聖なる境界だ。山が高くなればなるほど、俺といっしょに登る者の数は少なくなる。——どんどん神聖になっていく山を連ねて、俺は山脈をつくっている」〔『ツァラトゥストラ』第3部「新しい石板と古い石板について」19〕。偉大な魂がもっている精神と善意を全部かき集めてみても、ツァラトゥストラの説話のひとつすら生み出せないだろう。とてつもなく高いハシゴをツァラトゥストラは昇り降りする。どんな人間よりも、遠くを見、多くを欲し、たくさん**できた**。あらゆる精神のなかで、もっとも多くのイエスを言うツァラトゥストラがしゃべるとき、どの言葉にも矛盾がある。彼のなかでは、すべての対立が結びついて統一されている。人間の自然がもっている最高で最低の力が、もっとも甘美で、もっとも軽薄で、もっとも恐ろしいものが、ひとつの泉から不滅の確かさをもってほとばしり出る。そのときまで、何が高さであり、何が深さなのかは、わからない。そして、何が真理なのかは、もっとわからない。真理のこの啓示の瞬間は、先取りされたことも、また最高の偉人のひとりに察知されたこともなかった。ツァラトゥストラ以前には、知恵も、魂の研究も、説話術も存在しない。もっとも身近にあるもの、もっとも日常的なものが、『ツァラトゥストラ』では、これまで聞いたことのないようなことを話している。含蓄ある言葉は情熱にふるえ、雄弁は音楽となり、これまで察知されなかった未来めがけて稲妻が投げつけられる。これまでのもっとも強力な比喩の力も、このように言葉が本来の具象性を取り戻したことと比べると、貧しくて子ども騙しのようだ。——そして、なんとツァラトゥストラは、山から下りて、誰に対してもじつに親切な言葉をかけている！なんと彼は、彼の敵対者である聖職者たちさえをも、優しく扱い、彼らとともに彼らの悩みを悩んでいる！——ここでは、どの瞬間でも人間が克服されており、「超人」という概念がここで最高の実在となったのだ。これまで人間について偉大とされてきたものすべてが、はてしない彼方では「超人」の**下に**位置している。晴れた冬の日のような穏やかさ、軽やかな足取り、どこにでもある悪意と傲慢、それからそれ以外の、ツァラトゥストラという典型にとって典型的なすべての性格が、偉大さの本質であるとは、これまで夢にも思われていなかった。まさにこのように活動範囲がひろく、このように対立する者に対してても打ち解けていることによって、ツァラトゥストラは自分のことを、**存在している者のなかで最高の種**であると感じている。そしてそれをツァラトゥストラ自身が次のように定義しているのを聞いた読者なら、自分なりにその比喩を探そうとは思わなくなるだろう。

——もっとも長いハシゴをもっていて、もっとも深いところまで降りることができる魂、

自分のなかでもっとも遠くまで走り、迷い、さすらうことのできる、もっとも広大な魂、

喜んで偶然のなかに落ちていく、もっとも必然的な魂、

生成のなかへ潜っていく存在の魂、

意欲と要求のなかへ入りこも**うとする**所有の魂——

自分では逃げているのに、もっとも大きな輪のなかで自分に追いつくことになる魂、

愚かさからも、もっとも甘美な言葉をかけられる、もっとも賢い魂、

自分自身をもっとも愛する魂のなかでは、すべてのものごとが寄せては返すように流れ、引き潮と満ち潮になる。——

［『ツァラトゥストラ』第3部「新しい石板と古い石板について」19］

ところでこれは、ディオニュソスの概念そのものである。——別の方向から考えても、結局、行き着くのはディオニュソスの概念である。ツァラトゥストラという典型における心理学的な問題とは、つまり、これまで聞いたことのないほどにノーを言う者が、これまで世間でイエスと言われてきたすべてのことに対して、ノーを**実行する**のだが、それにもかかわらずどのようにして、ノーを言う精神とは反対の者になりうるのか、という問題である。もっとも重い運命を、宿命のような使命をかかえている精神が、それにもかかわらずどのようにして、もっとも軽く、もっとも彼岸のような精神になりうるのか——ツァラトゥストラはダンサーだ——、という問題である。現実をもっとも苛酷に、もっとも恐ろしく洞察しており、「もっとも深い谷の思想」を考えたことのある者が、それにもかかわらずどうして、現存在に対する異議を唱えないのか、現存在の永遠回帰に対してさえ異議を唱えないのか——むしろそれどころかどうして、**自分が**すべてのものごとに対する永遠のイエス、「とてつもなく無制限にイエスとアーメンを言う」者**である**ことの理由を、そこに見出すのか、という問題である。……**しかしこれもまたディオニュソスの概念なのである。**

7

——そのような精神は、自分だけを相手にしゃべるとき、どんな言葉をしゃべるのだろうか？ **ディオニュソス頌歌**の言葉をしゃべるのだ。ディオニュソス頌歌を発明したのは私である。ツァラトゥストラが**日の出前に**（第3部18ページ）［『ツァラトゥストラ』第3部「日の出前」］自分を相手にしゃべっているのを、聞いてもらいたい。あのようなエメラルド色の幸せを、あのような神々しい優しさを語る舌は、私以前にはなかった。こういうディオニュソス的人物の憂鬱がこのうえなく深くなったときも、ディオニュソス頌歌になる。その例として「**夜の歌**」をここにあげよう。光と力が満ちあふれすぎ、**太陽のような**気質のせいで、愛してはならぬという罰を受けた不滅の嘆きである。

夜だ。ほとばしる泉がみんな、声を高めてしゃべっている。わたしの魂も、ほとばしる泉。

夜だ。ようやく、愛する者たちの歌がみんな、目を覚ます。わたしの魂も、愛する者の歌。

鎮められておらず、鎮めることのできないものが、わたしのなかにある。それが声をあげようとしている。愛したいという欲望がわたしのなかにある。勝手にそれが愛の言葉をしゃべっている。

わたしは光。ああ、わたしが夜であったなら！　しかしわたしは孤独だ。光のベルトを巻かれている。

ああ、わたしが暗い夜であったなら！　どんなに光の乳房を吸いたいと思うだろう！

そして、小さな火花のような星たちよ、空のホタルたちよ、お前たちのことも祝福したい！――光のプレゼントをもらって、わたしも幸福でありたい。

しかしわたしは、自分の光のなかで生きている。自分の出した炎を、また飲みこんでいる。

わたしは、受け取る者の幸せを知らない。しばしばわたしは夢を見る。盗むほうが、受け取るより幸福にちがいない、と。

わたしは貧しい。手は贈るばかりで、休むことを知らないから。わたしは嫉妬している。待っている目が見えるから。明るい、あこがれの夜が見えるから。

おお、贈る者は不幸せだ！　おお、わたしの太陽が暗くなる！　おお、欲望が欲望している！　おお、満腹なのに激しい食欲！

みんなは、わたしから受け取る。だがわたしは、みんなの魂に触れるのだろうか？　与えることと受け取ることのあいだには、裂け目がある。一番小さな裂け目が、一番埋めにくい裂け目だ。

飢えがわたしの美しさから成長する。わたしが照らしている者には、痛い思いをさせてやりたい。わたしが贈り物をした者からは、奪ってやりたい。――そう、わたしは悪意に飢えている。

受け取ろうと手が差し出されていても、贈る手を引っこめる。ためらいながら落ちる滝のように、ためらっている。そう、わたしは悪意に飢えている。

そんな復讐を考えるのは、わたしが充実しているから。そんな悪意が湧いてくるのは、わたしが孤独だから。

贈り物をするわたしの幸せは、贈り物をしながら死んだ。わたしの徳は、いっぱいになりすぎて自分の徳に飽きた！

いつも贈り物をしていると、危険が忍び寄ってくる。恥ずかしさを忘れるから。いつも分配していると、分配のしすぎで、手にも心臓にもたこができる。

物乞いする者が恥ずかしがっても、わたしの目はもう涙を流さない。いっぱい施し物をもらった手が震えていても、わたしの手はすっかり冷淡になった。

わたしの目の涙はどこへ行った？　わたしの心臓の産毛《うぶげ》はどこへ行った？

ああ、贈り物をする者はみんな孤独だ！　ああ、光をあたえる者はみんな黙っている！

たくさんの太陽が、荒涼とした空間で回っている。どんな暗いものにも、太陽たちは光で話しかける。――だがわたしには黙っている。

おお、これは、光をあたえる者にたいする光の敵意だ。光は冷酷に自分の軌道を動いていく。

光をあたえる者にたいしては心の底から過酷に、ほかの太陽にたいしては冷たく、——そんなふうにどの太陽も動いていく。

嵐のように太陽たちが軌道を飛んでいく。そうやって太陽は動く。仮借《かしゃく》のない自分の意思にしたがうことが、太陽の冷たさだ。

おお、暗い夜よ、はじめてお前たちが、光をあたえる者から暖かさをつくりだしている！　おお、はじめてお前たちが、元気の出るミルクを光の乳房から飲んでいる！

ああ、氷がわたしのまわりにある。わたしの手が、冷たい氷でやけどする！ああ、わたしは渇いている。お前たちが渇くことを渇望しているのだ！

夜だ。ああ、わたしは光であるしかない！　だが、どうしても夜になりたい！　そして孤独！

夜だ。泉のように、望みがわたしのなかから湧いてきた。——わたしはしゃべりたい。

夜だ。ほとばしる泉がみんな、声を高めてしゃべっている。わたしの魂も、ほとばしる泉。

夜だ。ようやく、愛する者たちの歌がみんな、目を覚ます。わたしの魂も、愛する者の歌。——

［『ツァラトゥストラ』第2部「夜の歌」］

8

これまでこういうことが、歌に書かれたことはない。感じられたこともない。**悩まれた**こともない。悩んでいるのは、ひとりの神、ひとりのディオニュソスだ。光のなかで太陽が孤独であると歌ったディオニュソス頌歌に応答する者がいるとすれば、アリアドネだろう。……アリアドネが何者か、私のほかには誰も知らない！……そのような謎はこれまで誰も解いたことがなかった。いや、そこに謎があることすら誰も気づかなかったのではないか。——ツァラトゥストラはあるとき、厳密に、自分の使命を次のように規定している。——その使命は私の使命でもあるのだが。——使命の**意味**を取り違えられては困るからだ。つまりツァラトゥストラは、**イエスと言う**のである。そうやって過去のすべてのことを是認し、さらには救済までするために。

俺は人間たちのあいだを歩いているが、人間たちは、俺が見ている未来の、断片なのだ。

断片であり、謎であり、ぞっとするような偶然であるもの。それらを集めて、ひとつに凝縮することこそ、俺が考え求めていることなのだ。

もしも人間が、詩人でありながら謎解きをすると同時に、偶然を救う者でもないのなら、俺は、人間であることに耐えられないだろう！

過去の人間を救い、すべての「そうだった」を「俺はそう望んだのだ」につくり変える——そういうことこそ、はじめて救いと呼べるものなのだ！

［『ツァラトゥストラ』第2部「救いについて」］

別の箇所でツァラトゥストラは、自分にとってどういうものだけが「人間」でありうるのか、可能なかぎり厳密に規定している。——人間は愛の対象では**ない**し、もちろん同情の対象でも**ない**。——人間に感じる**激しい**吐き気も、ツァラトゥストラは克服していた。人間は、彼にとっては奇形であり、材料であり、彫刻家を必要とする醜い石なのだ。

もう**意欲**もせず、もう**価値評価**もせず、もう**創造**もしない！ ああ、そういうひどい倦怠感とはずっと離れていたいものだ！

認識する場合でも、俺が感じるのは、俺の意思の生殖・生成欲だけだ。もしも俺の認識が無邪気なら、それは、**生殖への意思**が認識のなかにあるからだ。

神や神々から俺を遠ざけたのは、この意思のせいだ。かりに神々なんていうものが——存在しているとしたら、何が創造できるのだろう！

だが俺は、たえず新たに人間のところへ駆り立てられる。創造しようとする熱烈な意思があるからだ。それは、ハンマーが石に駆り立てられるのに似ている。

おお、人間たちよ、石のなかには像が眠っている。俺の思い描く像のなかの像が！ ああ、その像が、なんとも硬く、なんとも醜い石のなかに眠っているとは！

その像を閉じこめている牢獄めがけて、いま俺のハンマーが怒りの鉄拳を猛

然とふるいはじめた。石からは破片がほこりを立てて飛び散っている。だが、それがどうした？

俺はその像を彫りあげるつもりだ。影が俺を訪ねてきたからだ。——あらゆる事物のなかでもっとも静かで、もっとも軽いものが、以前、俺を訪ねてきてくれたのだ！

美しい超人が影となって、訪ねてきてくれたのだ。ああ、兄弟よ！　もう、いいだろう——神々なんて！……

［『ツァラトゥストラ』第２部「至福の島で」］

最後に強調しておきたい視点がある。引用で太字にした部分がその手がかりだ。ディオニュソス的な使命にとっては、ハンマーの硬さが、破壊にすら喜びを感じることが、決定的な前提条件となっている。「硬くなれ！」という命令が、そして腹の奥底で、**創造者はみんな硬いのだ**、と確信していることが、ディオニュソス的な天性をもつ者の本来のしるしなのだ。——

善悪の彼岸　未来の哲学の前奏曲

1

その後の数年間でやるべき課題は、可能なかぎり厳密に決まっていた。私の課題で、イエスを言う部分は解決したので、その後にやってきたのは、ノーを言う部分、**ノーを実行する**部分だった。つまり、これまでの価値そのものを価値転換する、という大きな戦争である。――決着をつける日を呼び出すこと。それには、まわりをゆっくり見回して親戚を探す作業も含まれていた。強さゆえに**破壊のために**私に手を貸してくれる者を探すのだ。――そのときから私のすべての著作は、釣り針になった。もしかしたら私は誰よりも釣りの心得があるのかもしれない？……何も**釣れ**なかった。しかしそれは私のせいではない。**魚がいなかったのだ。**……

2

この本［1886］は、あらゆる本質において〈**モダン**〉**を批判**したものだ。そこには、モダンの学問、モダンの芸術、さらにはモダンの政治までもが含まれる。それに並行してこの本は、可能なかぎりモダンでないという逆のタイプ、つまり、高貴で、イエスを言うタイプのことも視野に入れている。この後者の意味でこの本は、**ジェントルマンの学校**である。ジェントルマンという概念を、従来**よりも**精神的で、**ラディカルなものと**考えてもらいたい。この概念に耐えるためだけでも、からだに勇気が必要である。怖れを学習しておく必要はない。この時代が誇りにしているあらゆることが、このタイプとは反対のものとして、ほとんど無作法として感じられる。たとえばそれは、例の有名な「客観性」であり、「すべての悩めるものに対する共感」であり、未知の趣味に対してうやうやしく頭を下げ、瑣末な事実の前に這《は》いつくばる「歴史感覚」であり、「科学性」である。——この本が、『ツァラトゥストラ』**の後に**

書かれたことを考えるなら、どういう養生法のおかげでこの本が成立したのか、もしかしたら見当がつくかもしれない。目は甘やかされて、ともかく**遠く**を見ろ、と猛烈に強制されていたのだが——ツァラトゥストラはロシア皇帝《ツァーリ》よりも遠目がきく——、この本では目は、身近にあるものを、時代を、**私たちのまわり**を鋭くとらえよ、と強制されている。この本のどの部分においても、とくに形式において、同様に、さまざまな本能からの**故意の**離反を見つけるだろう。ツァラトゥストラのような人物もそういう本能を認めることによって生まれたわけだが。洗練された形式や、意図や、**沈黙**の技術が、この本の前面に見られる。心理学が確信犯的に厳しく残酷に適用されている。——この本にはお人好しの言葉がどこにもない。……これらはすべて保養なのだ。ツァラトゥストラがやったような善意の浪費が、どのような種類の保養を必要とするのか、結局、誰が察してくれるのだろう？……神学的に言うなら——よく聞いてもらいたい。私が神学者としてしゃべるのは滅多にないのだから——、あれは神自身だったのだ。一日の仕事を終えて神が蛇となって、知恵の木のしたで身を横たえていたのだ。そうやって、神であることを休んで保養していたのだ。……神はすべてをあまりにも美しくしてしまっていた。……悪魔なんて、7日目ごとの神の息抜きにすぎない。……

道徳の系譜

論争の書

『道徳の系譜』は3つの論文から成り立っているが、この3つは、ことによると表現、意図、不意打ちの技術にかんして、これまで書かれたもののなかでもっとも不気味かもしれない。ディオニュソスは、ご存知のように、闇の神でもある。——どの論文も、冒頭は読者をまどわす**つもりで**書かれている。冷たくて、学問的で、アイロニカルですらあり、わざとでしゃばったり、わざと遠慮したりしている。しだいに不穏になり、ときどき稲光りがする。くぐもった轟《とどろき》とともに、非常に不愉快な真理が遠くから聞こえてくる。——そしてとうとう猛烈なテンポになって、すべてがとてつもない電圧で突進する。最後にはどの論文も、まったく恐ろしい爆発とともに**新しい**真理が、厚い雲のあいだから見えてくる。——**1番目の**論文の真理は、キリスト教の心理学である。キリスト教は、ルサンチマンの精神《ガイスト》から誕生したのであって、一般に信じられているように「精霊《ガイスト》」から誕生したもの**ではない**。——誕生の本質からいっても、それは反対運動であり、**高貴な**価値の支配に対する大蜂起なのだ。**2番目の**論文は、**良心**の心理学である。良心は、一般に信じられているように「人間のうちなる神の声」**ではない**。それは残虐の本能なのだ。それは、外に向かって放電できなくなったので、後ろ向きになっているのである。残虐は、最古からある無視できない文化の基層のひとつなのだが、ここではじめて明るみに出された。**3番目の**論文は、禁欲の理想、つまり聖職者の理想がもっているとてつもない**力**は、どこから来たのか、という問いに対する答えである。その理想は、特別に**有害な**理想であり、終末への意思、デカダンスの理想であるにもかかわらず、強力なのだ。その答えは、一般に信じられているように、神が聖職者の背後で仕事をしているから**ではない**。ほかにましなものがないからだ。——つまり、それがそれまでの唯一の理想だったからであり、競争相手がいなかったからである。「というのも人間は、**なに**も欲し**ない**よりは、むしろ無を欲するのだから」［『道徳の系譜』第3論文28］……なんといっても、**対抗する理想**がなかったのだ。——**ツァラトゥストラが出てくるまでは**。この3つの論文は、あらゆる価値の価値転換のために心理学者が準備した決定的な作業なのである。——この本には、最初の聖職者心理学が含まれている。

偶像の黄昏

人はどのようにしてハンマーで哲学するか

1

この本は、150ページ足らず。晴れやかで不吉なトーン。笑うデーモン。——ほんのわずかな日にちで書き上げた作品なので、その日数を言うのもはばかられるが、およそ本としては例外である。この本ほどに豊かな実質をそなえた本、なにものにも依存していない本、衝撃的な本、——悪意をもった本はない。ニーチェ以前はすべてのものがどんなふうに逆立ちしていたのか、を手短にわかりたければ、まずこの本を読むのが一番である。本の扉に**偶像**と書かれているが、要するにそれは、これまで真理と呼ばれていたものにすぎない。**偶像の黄昏**——これを翻訳すれば、古い真理はおしまいである、ということだ。

2

どんな現実も、どんな「理想」も、この本で触れられていないものはない（——「触れられて」とは、なんと用心深い婉曲語法だろう！……）。**永遠**の偶像たちだけでなく、最年少の偶像たちも、したがって高齢でよぼよぼの偶像たちも触れられている。たとえば「モダンの理念」たちだ。一陣の大きな風が木々のあいだを吹き抜け、あたり一面にたくさんの果実が落ちる。——たくさんの真理が落ちる。そこではあまりにも豊かな秋が浪費される。われわれはたくさんの真理につまずき、そのいくつかを踏みつぶしさえする。——数が多すぎるのだ。……けれどもわれわれが拾い上げたものは、もはや疑わしいものではなく、選ばれたものなのだ。私がはじめて「真理」たちを測る尺度を手にしている。私がはじめて決定することが**できる**。まるで私のなかで**第2の意識**が成長したかのようだ。まるで私のなかで「意思」に明かりがともされて、それまで意思が走っていた下りの**坂**道が照らし出されたかのようだ。……その**坂**道は――「真理」への道と呼ばれていた。あらゆる「暗い衝動」はおしまいだ。**よい**人間こそ、正しい道を知ることが一番少なかった［ゲーテの『ファウスト』の「よい人間は、暗い衝動のなかにいるが、正しい道を忘れないものだ」を踏まえている］。大真面目で言おう。私以前は誰も、正しい道を、**上り**の道を知らなかったのだ。私が登場してはじめて希望が、使命が、文化の規範となるべき道がふたたび存在するようになった。――**私はその喜ばしい大使**。……まさにそれゆえに私は運命でもあるのだ。――

3

いま述べた作品を書き終わるとすぐ、ほんの1日すら無駄にせず、**価値転換**というとてつもない課題［『アンチクリスト』］にとりかかった。比べようのない至高の誇りをもって、自分が不滅であることを一瞬たりとも疑わず、一字一句を運命のような確かさで青銅の板に刻んでいった。その序言は1888年9月3日にできた。朝、それを書き終えて外に出ると、オーバーエンガディーンがこれまで見せてくれたことがないような美しい日が、私の目の前にあった。――その日は、透明で、さまざまの色が燃えるようで、氷と南国とのあいだのあらゆる対立、そしてあらゆる中間を含んでいた。――9月20日、ようやく私はジルス・マリーアを後にした。洪水で引きとめられていたのだ。私は、このすばらしい村に最後までいた、たったひとりの客になっていた。この村には私の感謝の気持ちとして不滅の名前をプレゼントしておこう。旅の途中、思いがけない出来事に見舞われた。ようやく夜ふけになってたどり着いたコモでは、洪水で命の危険にまでさらされたが、21日の午後、トリノに到着した。私にとっては**証明ずみの**町で、以後、私の居城となった。私は、春に借りていた住居をまた借りた。カルロ・アルベルト通り6番地4階。そこは、ヴィットーリオ・エマヌエーレ［1870年にイタリアを統一したヴィットーリオ・エマヌエーレ2世のこと］が生まれたカリニャーノ宮殿に向かいあい、カルロ・アルベルト広場が見え、ずっと先には丘陵地帯が見渡せた。ためらうことなく、一瞬たりとも気を散らすこともなく、私はふたたび仕事にとりかかった。この作品［『アンチクリスト』］の最後の4分の1を片づけるだけだった。9月30日、大勝利。価値転換を終えた。ポー川に沿って神のようにぶらぶら歩いた。同じ日に『偶像の黄昏』の**序言**を書いた。『偶像の黄昏』の校正は、私にとって9月の保養になった。——私は、あのような秋を体験したことがなかった。あのようなことが地上で可能であるとは思ってもいなかった。クロード・ロランの絵のような風景が無限に広がっていると考えればいい。どの日も同じように、人間の手には負えないほど完璧だった。——

ワーグナーの場合

楽士の問題

1

この本をフェアに理解するためには、口の開いた傷に苦しむように音楽の運命に苦しんでいる必要がある。——私が音楽の運命に苦しんでいるとき、私は**何に**苦しんでいるのか? 世界を明るくしイエスを言う性格を、音楽がなくしてしまったことに苦しんでいるのだ。——音楽がデカダンスの音楽になり、ディオニュソスのフルートではなくなってしまったことに苦しんでいるのだ。……ところで、こんな具合に音楽の問題を、**自分自身の**問題のように、**自分自身の**苦しみの歴史のように感じる人がいるなら、その人にとってこの本は、配慮にあふれ、異常に穏やかな本だと思われるだろう。このような場合に、晴れやかでいて、気立てよく自分のことまでも嘲笑することには、――つまり、「真実を言う」ときにはどんなに辛辣になっても許されるだろうけれども、「笑いながら辛辣なことを言う」［ホラティウスの「笑いながら真実を言う」を踏まえている］ということには、――まさに人間味がある。実際、誰も疑わないだろうが、私はかつて砲兵だったことがあるので、ワーグナーに**重砲の**砲弾を浴びせるくらいはお手のものだ。――この問題で私は決定的なことはいっさい書かないできた。――私はワーグナーを愛していたのだ。――ワーグナーより巧妙な「未知の者」が何者なのか、は他人には簡単には察知できないだろうが、結局、そういう「未知の者」［キリスト教の神とか、デカダンスの精神とか……］を攻撃することが、私の使命の意味と道のりに含まれているのだ。――おお、私は、音楽の山師カリオストロとはまるで違う「未知の者」たちを暴露しなければならない。――もちろんそれ以上に攻撃しなければならない相手は、精神的な事柄においてますます怠惰になり、ますます本能が貧しくなっており、ますます**誠実に**なっていくドイツ国民だ。うらやましいほどの食欲でドイツ国民は、相反するものを餌にしつづけている。「信仰」でも学問でも、「キリスト教的愛」でも反ユダヤ主義でも、力への（「帝国」への）意思でも貧者の福音でも、消化不良も起こさず飲み込んでしまうのだ。……こんなにも相反しているのに党派の区別をつけない！ こんなにも胃腸が中立で「分けへだてをしない」！ すべてのものに同じ権利を認める――どんなものでもうまいと思う――ドイツ人の口は、こんなにもフェアな感覚をもっている！……まったく疑いもなく、ドイツ人は理想主義者なのだ。……私が最後にドイツを訪問したとき、ドイツ人の趣味に気がついた。ワーグナーと「ネスラーのオペラ」『ゼッキンゲンのトランペット吹き』に同じ権利を認めようとしていたのだ。私自身、**この目で**目撃したのだが、ライプツィヒでは、「ドイツ的」という言葉の昔ながらの意味で、正真正銘のきわめてドイツ的な音楽家のひとりである巨匠、**ハインリヒ・シュッツ**の名誉をたたえるため、**狡猾《リスティヒ》な**教会音楽の奨励と普及を目的として、リスト協会が設立された。……まったく疑いもなく、ドイツ人は理想主義者なのだ。……

2

しかしここで私は、誰にも邪魔されずに、憎まれ者となり、ドイツ人に2、3の厳しい真実を言ってやろうと思う。**私のほかに誰がそれをするだろう？**——問題は、歴史的な事柄にかんするドイツ人のだらしなさである。まず、ドイツの歴史家は、文化の歩み、文化の価値に対する**大きな視線**をすっかりなくしてしまっており、みんなそろって政治（または教会——）に傭われた道化者になってしまっている。この大きな視線は彼ら自身によって**追放されて**しまったのだ。ともかくまず「ドイツ的」であることが、「純血種」であることが必要なのです。そうすれば歴史的な事柄にかんして、あらゆる価値と無価値を決定することができます。——価値と無価値が固定される。……「ドイツ的」が論拠となり、「ドイツ、世界に冠たるドイツ」が原理となり、ゲルマン人が歴史における「倫理的な世界秩序」となり、ローマ帝国との関係では自由の担い手であり、18世紀との関係では道徳の、「定言的命令」の再建者となる。……帝国ドイツ的な歴史記述が生まれ、それどころか反ユダヤ主義的な歴史記述さえ生まれ、——**宮廷を軸にした**歴史記述が生まれ、フォン・トライチュケ氏はそれを恥じてもいない。……最近では、歴史的な事柄にかんする白痴の判断が、幸い今は亡きシュヴァーベンの美学者フィッシャーの文章が、「真実」としてドイツの各紙に掲載された。ドイツ人なら誰もが**イエスと言うにちがいない**とされた、その「真実」とは、

「ルネサンス**と**宗教改革。この両者を合わせてはじめて全体となる。――つまり美の再生**と**倫理の再生なのだ」ということである。――このような文章を目にすると、私は堪忍袋の緒が切れて、うずうずしてくる。ドイツ人に、これまでのどういうことに君たちは責任があるのか、言ってやることが義務とすら感じられるのだ。**4世紀にわたる大きな文化的犯罪のすべてにドイツ人は責任があるのだ！**……そしてその犯罪の理由はいつも同じである。つまり、現実に対してドイツ人が心の奥底から臆病だからだ。ということは真実に対しても臆病だからでもある。また、ドイツ人が不誠実だからだ。不誠実が本能になってしまっているが。そしてまた、ドイツ人が「理想主義」に染まっているからだ。……ドイツ人は、ヨーロッパからその収穫を、つまり最後の**偉大な**世紀であるルネサンス時代の意味を、奪ったのだ。しかも一瞬のうちに。価値たちの高次の秩序が、高貴で、生に対してイエスと言い、未来を保証する価値たちが、それらに対立する**下降の価値たち**の本拠地［教会のこと］で、勝利にたどり着き、――**そしてそこにすわっている聖職者たちの本能のなかにまで入り込んだ！**――その瞬間に、収穫と意味を奪ったのである。――ルターが、この宿命のような修道士が、教会を、そしてそれより千倍もまずいことにキリスト教を、再興したのだ。**キリ**

スト教が負けた瞬間に。……キリスト教は、**生への意思の否定**が宗教になったものだ!……ルターという、ありえない修道士は、自分がかかえていた「ありえないこと」から理由をいろいろひねり出して、教会を攻撃して、そして教会を――それゆえに!――再興したのだ。……じつはカトリック教徒こそ、ルター祭を祝ったり、ルター劇を書く理由があるのではないか。……たとえば、ルター――と「倫理の再生」! 心理学など悪魔にくれてやれ!――疑いもなく、ドイツ人は理想主義者である。――ドイツ人は、まさにものすごい勇敢さと克己心によって、誠実な、明確な、完全に学問的な思考方法を手に入れたとき、2回にわたって、以前の「理想」へ帰る抜け道を見つけることができた。抜け道とは、真実と「理想」を仲直りさせることであり、結局のところ、学問を拒否する権利、**嘘**をつく権利をあらわす公式のことだ。ライプニッツとカント――この2人が、ヨーロッパの知的誠実さにブレーキをかける最大の車輪止めだった! 地上を統治する目的で、ヨーロッパをひとつの統一体に、政治・**経済**の統一体にするだけの力をもった不可抗力の「天才と意思」が、2つのデカダンスの世紀のあいだにかかる橋のうえに、姿をあらわしたとき、ドイツ人は、「解放戦争」によってヨーロッパからその意味を、ナポレオンの存在に見られる奇蹟的な意味を、奪ってしまった。――だからドイツ人は、その後に起きたこと、今日あることのすべてに対して責任がある。つまり、今日に見られる**反文化的な**病気と無分別に対して、ナショナリズムに対して、ヨーロッパがかかっているこの**ナショナル神経症**に対して、ヨーロッパの小国分立や**小さな**政治がこのように永遠になったことに対して、責任があるのだ。ドイツ人は、ヨーロッパから意味さえも、**理性**さえも奪って、――ヨーロッパを袋小路に追い込んだのだ。――この袋小路から抜け出す道を、私以外の誰が知っているだろう?……諸民族をふたたび**結びつける**ほど大きな使命を、私以外の誰が知っているだろう?……

3

で結局、なぜ私は、私の疑いを言葉にしてはいけないのだろうか? ドイツ人は私のケースでも、とてつもない運命である私からハツカネズミを産み出すために、あらゆることを試みるだろう。ドイツ人は今まで、私のことについては共同戦線をはってきた。将来、それが改善されるとは思えない。――ああ、この点にかんしては、私の予言が**はずれる**ことを願うばかりだ！……私に偏見をもっていない読み手や聞き手は、今ではもうロシア人、スカンディナビア人、フランス人だが、――これからますますそうなるのだろうか？――認識の歴史に登録されているドイツ人は、みんな曖昧な名前ばかりだ。ドイツではいつも「無意識の」贋金づくりしか生まれない。（――フィヒテ、シェリング、ショーペンハウアー、ヘーゲル、シュライアーマッハーがそうだ。カントとライプニッツももちろんそうだ。みんなヴェール《シュライアーマッハー》づくりにすぎない――）。私は、精神の歴史において最初の**誠実な**精神である。この精神において、4千年にわたる贋金づくりの真相が裁かれるのだが、この精神もドイツ精神の一族であるのは名誉なことだと、ドイツ人に勘違いされては困る。「ドイツ精神」は、**私にとっては**悪い空気なのだ。ドイツ人のどんな言葉、どんな表情も不潔だが、心理的な事柄にかんして、本能になっているそういう不潔さの近くにいると、私は呼吸が苦しくなる。ドイツ人はフランス人とちがって、自分を厳しく吟味した17世紀を一度も経験していない。ラ・ロシュフーコーやデカルトのような人は、誠実さという点においては、一流のドイツ人よりも百倍は優れている。――ドイツ人は今日まで、ひとりも心理学者をもったことがない。ところで心理学は、人種の**清潔**または**不潔**を測る物差しのようなものだ。……そして清潔ですらない人は、どのようにして**深さ**をもてるのだろうか？ドイツ人を相手にしたときは、女を相手にしたときとほとんど同じで、けっしてその底までたどり着くことがない。**ドイツ人には底がないのだ**。それだけの話である。けれどもだからといって、浅いわけですらない。ドイツで「深い」ということは、ちょうどいま私が問題にしているように、まさに自分に対して本能的に不潔であるということだ。つまり、自分のことをはっきりさせる**つもり**がないのである。「ドイツ的」という言葉を、**この**心理学的な堕落をあらわす国際通貨にしようと提案してもいいだろうか？——たとえば今、ドイツ皇帝は、アフリカの奴隷を解放することを、「キリスト教徒の義務」と呼んでいるが、**ドイツ以外の**われわれヨーロッパ人のあいだでは、たんに「ドイツ的」と呼ばれることになるだろう。……これまでドイツ人は、深さをもった本をたった一冊でも書いたことがあるだろうか？　本が深いとはどういうことかすら、ドイツ人にはわからないのだ。私は、カントを深いと思っている学者たちと会ったことがある。プロイセンの宮廷では、どうやらフォン・トライチュケ氏のことまで深いと思っているらしい。そして私は、折りにふれてスタンダールのことを深い心理学者であるとほめるのだが、あるとき出会ったドイツの大学教授には、スタンダールの綴りをたずねられた。……

4

で、どうして私は最後まで言ってしまってはいけないのだろう？　私はテーブルをきれいに片づけるのが好きなのだ。ドイツ人を軽蔑することにかけては破格の存在だ、と思われることは、私の野心ですらある。ドイツ人の性格に対する不信感は、すでに26歳のときに表明した（『反時代的』第3編71ページ［第3編6］）。――ドイツ人は、私にとってはありえない存在なのだ。私の本能にことごとく逆らうような人間を思い描いてみると、それはいつもきまってドイツ人になる。私が、ある人間の「はらわたまで調べる」［『詩篇』7‐10］ときの第1の規準は、その人が距離の感覚をもっているかどうか、どんなところでも人間と人間のあいだの位階、等級、序列を見ているかどうか、**特別扱いする**ことを知っているかどうかである。規準を満たせば、ジェントルマンである。そうでなければ、救いようもなくその人間は、心のひろい、おお！なんともお人好しの下層民という概念に分類される。ところでドイツ人は下層民である。——おお！　ドイツ人はじつにお人好しだ。……ドイツ人とつき合うと、こちらも低い人間になる。ドイツ人は、なんでも**平等にしてしまう**。……2、3人の芸術家、とくにリヒャルト・ワーグナーとのつき合いを別にすれば、ドイツ人といっしょにいて気持ちのいい時間を過ごしたことがない。かりに、ここ数千年でもっとも深い精神をもつドイツ人があらわれたとしても、カピトルの丘の［神殿で騒いでローマを救ったガチョウのような］どこかの馬鹿な女が、あたしのこんなに醜い魂だって、少なくともそのドイツ人と同じように見てもらえるんじゃないかしら、と妄想されるのがせいぜいだろう。……私はドイツ人という人種に我慢がならない。どんなときにつき合っても、おもしろくない。ドイツ人はニュアンスを感じる指がない。——困ったことに！　私はニュアンスの塊なのだ。——ドイツ人は足にエスプリがないので、歩くことすらできない。……そもそもドイツ人には足などない。あるのは脚だけだ。……ドイツ人は、自分たちがどれくらい凡俗なのか、まったくわかっていない。凡俗さの最高級なのだ。——自分たちがドイツ人にすぎないということを、**恥ずかしい**とすら思っていないのだ。……ドイツ人はどんなことにも口を出す。自分が決定するのだと思っている。どうやら私のことも決定してしまったらしい。……　——以上のことについては、私の全人生が厳然と証明している。私の人生のなかに、私に対する思いやりや心づかいを探しても、そんなしるしはどこにもない。ユダヤ人は見せてくれたが、ドイツ人は一度も見せてくれたことがない。私のめざす流儀は、誰にたいしても温和で好意的であること。――私には、区別をしないという**権利**がある。――だからといって、私は目を閉じているわけではない。私は誰も例外にはしない。友人はとくに例外にしない。――ともかく私としては思いたい。このことによって、友人に対する私の人間味が損なわれたことなどなかったのだ、と！　つねに私の名誉にかけて口を慎んだことが、5、6件ある。――それにもかかわらず、この数年、私のところに届いた手紙のほとんどすべてに、私がシニシズムを感じていることも事実なのだ。私に対するなんらかの憎しみよりも、むしろ私に対する好意に、強いシニシズムを感じるのである。……私は、どの友人に対しても面と向かって言ってやれる。君はさ、私が書いた本のどれも**研究**に値するなんて思わなかったんだろう、と。ほんのわずかなしるしからでも、私は察知する。友人たちは、私の本に何が書かれているのかさえわからないのだ。とくに私の『ツァラトゥストラ』にいたっては、私の友人のいったい誰が、「幸い、まったくどうでもいいけれど、許しがたいほど傲慢だな」という感想以上のものをそこに読んだだろうか？……10年が過ぎた。私の名前は理不尽な沈黙のなかに葬られているのに、ドイツでは、それに対して良心の呵責を感じて、私の名前を擁護しようとしてくれる者は誰もいなかった。はじめてそういうことができる繊細な本能**と勇気**をもっていたのは、外国の、デンマーク人だった。私の自称友人たちに腹を立ててくれたのだ。……この春、ゲオルク・ブランデス博士はコペンハーゲンで、私の哲学について講義をすることによってますます心理学者としての力量を証明したわけだが、今日、ドイツのどの大学で、そのような講義が可能だろうか？——私自身は、こういうことではまるで苦しまなかった。**必然的なこと**で私は傷つくことがない。運命愛《アモール・ファティ》が私の最深の本性なのだ。しかしだからといって、私はイロニーを愛さないわけではない。それどころか世界史的なイロニーだって愛するのだ。というわけで私は、『ワーグナーの場合』を世に送った。粉砕する力をもった**価値転換**の電撃は、この地上を痙攣させることだろうが、出版はその電撃の約2年前のことである。私の魂胆は、ドイツ人にもう一度私に不滅の暴行を加えさせ、ドイツ人の名誉を**永遠に**させることだった！　まだその時間はあるぞ！——うまくいったかな？——お見事、ゲルマン人の諸君！　おめでとうと申し上げよう。……たった今、昔からの女友達が、私にもまだ友達がいることを知らせるために、手紙をよこしてくれた。私は今でもあなたのことを**笑って**います。……しかもその手紙がやってきたのは、言葉に尽くせないほどの責任が私にのしかかっている、ちょうどそんな時だった。――私に対してはどんな言葉も優しすぎることはなく、どんな視線もうやうやしすぎることがない、そんな時だった。なにしろ私は人類の運命を肩にかついでいるのだから。――

なぜ私は運命であるのか

1

私は私の運命を知っている。いつか私の名前には、とてつもない出来事についての記憶が結びつくだろう。——この地上には存在したことのないような危機についての記憶。もっとも深い良心の葛藤についての記憶。それまで信じられ、求められ、聖なるものとされてきたすべてのこと**をやっつけるために**呼び出された決定についての記憶。私は人間ではない。私はダイナマイトだ。——そしてそれにもかかわらず、私のなかには宗教の開祖じみた要素はまったくない。——宗教は、下層民のすることである。私は、宗教的な人間と接触した後では、手を洗わずにはいられない。……私は「信者」を**ほしい**とは思わない。私が思うに、私はあまりにも意地悪なので、自分自身が正しいと信じることができない。私は群集にはけっして話しかけない。……いつかある日、私は**聖者として**話しかけられるのではないかと、ものすごく心配している。だから、なぜ私がこの本を**前もって**出版するのか、察してもらえるだろう。私が乱暴なことをされないよう、この本に予防してもらうのだ。私は聖者になりたくない。むしろ道化になりたい。……もしかしたら私は道化なのかもしれない。……しかし、それにもかかわらず、いやむしろ、それにもかかわらず**ではなく**——というのも、これまでのところ聖者ほど嘘で固まった代物はなかったのだから——私がしゃべっているのは真理である。——だが私の真理は**恐ろしい**。——というのもこれまでは**嘘**が真理と呼ばれていたのだから。——**すべての価値の価値転換**。これが、人類にとって最高の自覚という行為をあらわす、私の公式である。その行為が、私のなかでは肉となり、天才となったのだ。私の運命は欲している。私が最初の**まともな**人間でなければならない、と。また私が何千年もの偽りと戦っていることを自覚している、と。……私は、はじめて嘘を嘘だと感じた——**嗅ぎつけた**——ことにより、私がはじめて真理を**発見したの**だ。……私の天才は、私の鼻の穴のなかにある。……私は、前例のないかたちで反論するのだが、それにもかかわらず、ノーを言う精神とは正反対の者なのだ。私は、これまで存在したことのないような、**喜びの大使**である。私は、これまで理解されることのなかった高い課題を知っている。私があらわれてようやく、希望がふたたび存在するようになった。そんな事情があるにもかかわらず、必然的に私は宿命の人間でもある。というのも、真理が数千年の嘘と戦闘をはじめたら、われわれは、地震が痙攣し、山や谷が移動するなど、夢にも見なかったような衝撃を受けるだろう。そのとき政治という概念は、すっかり幽霊の戦争となってしまい、古い社会の権力構造はすべて空に飛び散ってしまうだろう。──それらは全部、嘘にもとづいているのだ。この地上にこれまで存在したことのないような戦争になるだろう。私があらわれてようやく地上に**大いなる政治**が生まれるのだ。──

2

このような運命が人間となって登場する。そのような運命をあらわす公式が必要だろうか？──その公式は、私の『ツァラトゥストラ』に書かれている。

——善悪を創造しようと思うなら、まず破壊しなければならない。価値を壊さなければならない。だから最高の悪が、最高の善には必要なのだ。そして、そういう最高の善こそが、創造する善なのさ。

［『ツァラトゥストラ』第2部「自分を克服することについて」］

私は、これまで存在した人間のなかで、ずば抜けて恐ろしい人間である。だからといって、私がもっとも慈悲深い人間であろうとすることが、排除されるわけではない。私が**破壊**の喜びを知っているのは、私の破壊**力**にふさわしい程度においてである。どちらの場合でも私は自分のディオニュソス的な本性に従っている。この本性は、ノーを実行することとイエスを言うこととを区別することができない。私は最初の**インモラリスト**である。だから私は、卓越した**破壊者**なのだ。——

3

誰からも質問されなかったけれど、私が質問してもらいたかったのは、まさに私が口にした名前、最初のインモラリストが口にした**ツァラトゥストラ**という名前、それがどういう意味なのか、ということである。というのも、あのペルシャ人を歴史で唯一無二の存在にしているのは、まさにインモラリストとは正反対のことだからだ。ツァラトゥストラは、善悪の闘いがものごとの歯車装置の本来の歯車である、と見なした最初の人物である。——道徳を力そのもの、原因そのもの、目的そのものとして、形而上学的なものに翻訳することが、**ツァラトゥストラの**仕事なのだ。しかし今の質問は、実際のところすでに答えにもなっている。ツァラトゥストラは、道徳という宿命的な間違いを**生み出した**。だから、その間違いに最初に**気づく**者になるしかないのである。彼はこの点において、他のどんな思想家よりも長く、豊かな経験を積んでいる。——歴史全体が、いわゆる「倫理的な世界秩序」の命題の実験的な論駁なのだから。——それだけではない。もっと重要なことは、ツァラトゥストラが他のどんな思想家よりも誠実であるということだ。彼の教えが、彼の教えだけが、誠実さを最高の徳としている。——つまりそれは、現実を見ると逃げ出してしまう「理想主義者」の**臆病**とは正反対の態度である。ツァラトゥストラは、すべての思想家を束にしたよりも多くの勇敢さを、ひとりで身につけている。真実をしゃべって、**上手《じょうず》に矢を射ること**。これがペルシャの徳である。——私の言っていることがおわかりだろうか？……誠実であることによって自分で道徳《モラル》を克服すること、モラリストが自分を克服してその反対の者に——つまり**私に**——なること。これが、私が口にするツァラトゥストラという名前の意味である。

4

結局、**インモラリスト**という私の言葉には2つの否定が含まれている。最初に私が否定するのは、これまで最高として通ってきたタイプの人間、つまり**善人**、**善意の人**、**善行の人**である。次に私が否定するのは、道徳そのものとして通用し支配してきた一種の道徳である。——つまり、デカダンスの道徳であり、もっと具体的に言えば、**キリスト教の**道徳である。この2番目の反論のほうが決定的な反論である、と見なしても構わないだろう。優しさや善意の過大評価は、大まかに言えば、もうそれだけでデカダンスの結果のように思えるのだから。弱さの徴候であり、上昇しイエスと言う生とは相容れないように思えるのだ。イエスを言うための条件は、否定**そして破壊**である。――さしあたり私は、善人の心理学のところで足を止めておく。あるタイプの人間がどれくらいの価値をもっているのか、を評価するためには、その人間の生存維持コストを計算する必要がある。――その人間の生存条件を知る必要がある。善人の生存条件とは、**嘘**である。――別の表現をすれば、実際に現実がどのようなものであるのかを、絶対に見**ようと**しないことである。つまり現実は、いつでも善意の本能を挑発するようなものでは**ない**。それどころか、近視眼的なお人好しの介入を我慢するようなものではないのだ。あらゆる種類の**窮地**を異議と見なすこと、**なくしてしまう**しかないものと見なすことは、愚の骨頂である。大げさに言えば、本当の災いを招く結果になる運命的な愚かさである。――まるでそれは、たとえば貧しい人びとへの同情から、――悪天候をなくしてしまおうとするほどの愚かさなのだ。……大きく全体の経済のなかでは、（情動において、欲望において、力への意思において）現実の恐ろしさは、小さな幸せのあの形式、いわゆる「善意」よりも、測りしれないほど必要なのだ。善意は本能の偽りによって誘発されるものだから、よほど寛大でなければ、善意に居場所を認めてやることはできない。**オプティミズム**という、もっとも善良な人間たちのこの申し子が、歴史全体にもたらした桁外れに不気味な結果の数々を、証明する大きな機会が私にはあるだろう。ツァラトゥストラは、オプティミストがペシミストと同様にデカダンであり、もしかしたらペシミストよりも有害であるかもしれない、と最初に理解した人物だが、こう言っている。「**善人たちはけっして真実をしゃべらない。偽りの海岸や偽りの安全を、君たちは善人たちから教えられた。善人たちの嘘のなかで、君たちは生まれ、保護されていた。すべてが善人たちの手によって、徹底的に嘘で固められ、ねじ曲げられている**」［『ツァラトゥストラ』第3部「新しい石板と古い石板について」28］。世界は幸いなことに、本能にもとづいては建てられていない。たんなるお人好しの畜群がそのなかで狭苦しい幸せを見つけられるわけはない。すべての者に対して、「善人」に、畜群の動物に、青い目のお人好しに、好意のある人に対して、「美しい魂」になれ、——またはハーバート・スペンサーが望んでいるように、利他的になれ、と要求するとすれば、それは、現実に存在している者からその**大いなる**性格を奪うことになるだろう。人類を去勢して、憐れな宦官にしてしまうことになるだろう。——**しかしそういうことが試みられてきたのだ！……そしてそれこそが道徳と呼ばれていたのだ！**……この意味でツァラトゥストラは善人のことを、「最後の人間」とか、「終わりのはじまり」と呼んでいるのだ。とくにツァラトゥストラは善人を、**もっとも有害な種類の人間**であると感じている。なぜなら善人は、**真理**を犠牲にし、**未来を犠牲にして**、自分の生存をつらぬくのだから。

善人たちは、——**創造する**ことができない。連中はいつも終わりのはじまりである。——

——連中は、**新しい**価値を新しい石板に書きつける者を十字架にかける。連中は**自分のために**未来を犠牲にする。人間の未来をすべて十字架にかけてしまう！

善人たち——は、いつも終わりのはじまりだった。……

この世を中傷する人間がどんな災いを引き起こそうとも、**善人たちの引き起こす災いほど、ひどいものはない**。

［『ツァラトゥストラ』第3部「新しい石板と古い石板について」26］

5

善人についての最初の心理学者であるツァラトゥストラは、——したがって——悪人の友だ。デカダンス種の人間が最高種のランクに昇りつめたとしたら、それが可能なのは、その反対の種、つまり強くて、生きることを確信している種の人間が、犠牲になったときだけである。畜群の動物がもっとも清らかな徳の栄光に輝いているなら、例外の人間の評価は悪に格下げされているにちがいない。偽りが、自分の見た目のために「真理」という言葉をどうしても要求するなら、本当に誠実な者には最悪の名前が押しつけられるにちがいない。ツァラトゥストラはこの点にかんして明快に、こう言っている。善人たち、「最善の人間たち」の正体を見破ったときこそ、俺は人間というものにぞっとしたのだ。**その**嫌悪から俺には翼が生えた。「遠い未来へ飛んでいくための翼だ」——ツァラトゥストラは隠そうとしない。**彼のような**タイプの人間、どちらかといえば超人的なタイプが、まさに**善人たち**と比べれば、超人的なのだということを。善良で正しい者たちが彼のような超人を**悪魔**と呼ぶのだろうということを。

……

君たちは、俺の目が出会った最高の人間だ。だが俺は君たちのことを疑い、こっそり笑ってやろう。俺にはわかるんだ。君たちは俺の超人を——悪魔と呼んでいるだろう！

君たちの魂は、大きな存在とは縁がなかったので、超人が優しくしても**怖がるだろう**！……

『ツァラトゥストラ』第2部「処世知について」

この箇所で、ほかならぬこの箇所で、ツァラトゥストラが何を**欲しているのか**、の手がかりがつかめるにちがいない。ツァラトゥストラが構想しているこの種の人間は、現実というものを、**あるがままに**構想しているのだ。この種の人間にはそれだけの強さがそなわっている。——現実は、この種の人間から引き離されることも、遠ざけられることもない。この種の人間は、**現実そのものなのだ**。現実の恐ろしさも疑わしさも自分のなかにもっている。**そうやってはじめて人間は大きくなることができるのだ**

（**偉大さをもつことができるのだ**）。……

6

ところで私は、また別の意味においても、**インモラリスト**という言葉を私専用のバッジとして、名誉の称号として選んだのである。私はこの言葉をもっていることを誇りにしている。人類全体から私を際立たせてくれるからだ。これまでは**キリスト教の道徳を自分の下位**にあると感じていた者はいなかった。そう感じるためには、高さが、見通しが、これまで聞いたことのないような心理学的な深さや底知れなさが必要である。キリスト教の道徳は、これまではすべての思想家にとって魔女《キルケー》だった。――すべての思想家は魔女に仕えていたのだ。――私の前に誰が、このような――**世界を誹謗する**！――理想の毒気が立ちのぼってくる洞穴のなかへ降りていったか？　誰が、それが洞穴である**ということを**、せめて予想くらいはしようとしただろうか？　いったい私の前に誰が、哲学者たちに囲まれながらも**心理学者**だったのか？　むしろ誰もが、心理学者とは正反対の「高級ペテン師」、「理想主義者」ではなかったのか？　私よりも以前に心理学はまだまったく存在していなかった。——この点において最初の人間であるということは、呪いであるかもしれない。いずれにしてもそれは運命だ。**というのも軽蔑するのも最初の人間としてなのだから**。……人間に対する**吐き気**が、私の危険である。……

7

私は理解してもらえただろうか？——私は、仕切られて目立っている。脇に置かれて、人類の残り全部と対立している。それは、私がキリスト教の道徳を**むき出しにしたからだ**。だから私には、すべての人に対する挑発の意味をもつひとつの言葉が必要だった。この点について人類がもっと早く目を開かなかったことは、人類が良心に恥じるべき最大の汚さであり、本能になってしまった自己欺瞞であり、あらゆる出来事、あらゆる因果関係、あらゆる現実を見**ない**でおこうとする基本的な意思であり、心理学的な事柄における**犯罪**的な贋金づくりであると、私には思える。キリスト教に対して盲目であるということは、ずば抜けた**犯罪**である。——**生**に対する犯罪である。何千年という年月、諸民族、先頭の人間と最後の人間、哲学者、老婆は、——ただし、歴史上の5つか6つの瞬間、そして7番目の瞬間としての私は別にして——みんな、この点においては、似たり寄ったりの同罪である。キリスト教徒は、これまで「道徳的な存在」そのものであり、無類の珍品だった。——そして「道徳的な存在」としては、人類をもっとも軽蔑する者でさえ夢にも思えないほどに不条理で、嘘つきで、虚栄心が強く、軽率で、**自分自身にも有害**だった。キリスト教の道徳は、——嘘をつこうとする意思の、もっともタチの悪い形式であり、人類にとっては本物の魔女《キルケー》であり、**人類をダメにした**張本人である。この光景を見て私を驚かせるのは、キリスト教の道徳が誤りそのものであるということでは**ない**。「良い意思」や、陶冶や、礼節や、精神的な勇気が何千年にもわたって欠けていたということでも**ない**。そういう欠如は、誤りの勝利にあらわれているわけだが。——私を驚かせるのは、自然の欠如である。つまり、**反自然**そのものが道徳として最高の栄誉を受け、掟として、定言的命令として、人類の頭上に掲げられてきた！　という、まことに身の毛がよだつような事態に、私は驚いているのだ。……これほどまでに道をまちがえているとは。個人としてでは**なく**、民族としてで**はなく**、人類として！……たとえば、生にとって最優先すべき本能を軽蔑するように教えてきた。からだを侮辱するために、「魂」や「霊」や「精神」を**でっち上げた**。生の前提、つまり性を不潔なものと感じるように教えた。成長のためにはもっとも深く必要なものである、**断固とした**自分欲（――この言葉からして中傷的なひびきがある！――）を悪い原理だと見なそうとしている。そして逆に、下降と反本能の典型的なしるし、つまり無私や、重力の喪失や、「脱人格化」や「隣人愛」（――隣人**病**だ！）には**高い**価値、それどころか！　**価値そのもの**があると見ているのだ！……なんということだ！　人類は自分でデカダンスに陥っているのか？　人類はいつもデカダンスだったのか？――確かなことは、人類にはデカダンスの価値だけが、至上の価値として**教えられて**きたということである。脱自分の道徳は、このうえない下降の道徳である。それは、「私は滅びる」という事実を、「汝らすべて滅ぶ**べし**」という命令形に翻訳したものだ。――しかも命令形に翻訳した**だけではなかった**！……それまで教えられてきたこの唯一の道徳、脱自分の道徳は、終末への意思を漏らしている。それは下心の底の底で生を**否定している**のだ。――しかしここでは、退化しているのは人類ではない、という可能性が残っていると仮定しておこう。退化しているのは、あの寄生虫のような人間、**聖職者**という種だけなのだ。この種は、道徳をだましの手口にして、人類の価値を決定する者に成り上がり、——キリスト教の道徳を自分たちが**権力**を手にするための手段だと察知したのだ。……そして実際、これが**私の**見抜いたことだが、教師、人類の指導者、神学者たちは、みんなそろってデカダンでもあったのだ。**だから**、すべての価値を生に敵対するものへと価値転換したのだ。**だから**、道徳とは、……これは**道徳の定義**なのだが、道徳とは、——**生に復讐**しようという底意をもち——**しかも**それに成功したデカダンたちの、特異体質なのだ。私は**この**定義を大事だと考えている。——

8

——私は理解してもらえただろうか？——私がいま言った言葉はどれも、すでに5年前、ツァラトゥストラの口を通して言ったかもしれない言葉である。——キリスト教の道徳を**むき出しにしたこと**は、比類のない出来事であり、本当のカタストロフである。キリスト教の道徳の本質を明らかにする者は、不可抗力であり、運命なのだ。——ツァラトゥストラは人類の歴史を2つに割る。人類は、ツァラトゥストラ**の**

前に生きた人間と、ツァラトゥストラ**の後に**生きた人間に分かれるのだ。……真理の稲妻が、それまで最高の座にいたものを打ったのだ。そのとき**何が**破壊されたのかがわかる者は、自分の手に残っているものがあるかどうか、よく見てみるがいい。それまで「真理」と呼ばれていたものはすべて、嘘の、もっとも有害で、もっとも陰険で、もっとも秘密の形式だったのだとわかる。人類を「改善する」という神聖な口実は、生そのものを**吸い取って**、貧血にする策略だったのだとわかる。道徳は**吸血鬼主義**なのだ。道徳をむき出しにする者は、いま信じられている価値、またはかつて信じられてきた価値すべてに、価値がないということも同時にむき出しにした。ツァラトゥストラは、もっとも尊敬され、**神聖**とさえ言われたタイプの人間を、もはや畏敬の念をもって見ることはない。もっとも不吉な出来そこないだと思うのだ。不吉なのは、**そのタイプが世間をうっとりさせるから**だが。……「神」という概念は、生の反対概念として発明された。その概念のなかでは、有害なもの、有毒なもの、誹謗中傷するものすべてが、つまり生に対する不倶戴天の敵がみんな集められて、恐ろしい統一体になっているのだ！「彼岸」や「真の世界」という概念がでっち上げられたのは、存在している**唯一の**世界を無価値にするためである。——われわれの地上の現実のための目標や理性や使命が存在する余地をなくすためである。「魂」や「霊」や「精神」という概念が、それになんと「不滅の魂」という概念までがでっち上げられたのは、からだを軽蔑するためである。からだを病気に――「神聖」に――するためである。人生で真剣に考えられるべきすべてのこと、つまり栄養、住居、精神の食餌、病気の治療、清潔、天気の問題を、身の毛もよだつほど軽率に扱わせるためである！ 健康のかわりに「魂の平安」が持ち出されるが、――それは、懺悔の痙攣と救済のヒステリーを往復する周期性痴呆症なのだ！ 「罪」の概念が、そしてそれに付属する拷問の道具である「自由意思」の概念もいっしょに、でっち上げられたのは、本能を混乱させるためである。本能に対する不信感を第二の天性にするためである！ 「無私の人」や「自分自身を否認する人」の概念においては、デカダンス本来の目印が、つまり有害なものに**誘惑**されることや、自分の利益を見つけ**られ**なくなっていることや、自分を破壊することが、おしなべて価値のしるしとされている。「義務」とされ、「神聖」とされ、人間における「神的なもの」とされているのだ！ 最後に――これが一番恐ろしいことだが――**善**人という概念においては、すべての弱者、病人、出来そこない、自分自身に苦しんでいる者が支持されている。**滅ぶべき者**がすべて支持されているのだ。――**自然選択**の法則が十字架にかけられている。誇り高く、出来のよい人間、イエスを言う人間、未来を確信し、未来を保証する人間に対する異議から理想がつくられている。――異議を申し立てられた人間のほうが、いまや**悪人**と呼ばれているのだ。……そしてこれらがすべて**道徳だと**思われているのである！――**このけがらわしいものを踏みつぶせ！**〔ヴォルテールの言葉〕――

9

――私は理解してもらえただろうか？――私は、**十字架にかけられた者に敵対するディオニュソス**……

解説——ニーチェによる、ニーチェのための、ニーチェ入門

丘沢静也

私には依然として目の前に、切り株に座り、カレーニンの頭をなで、人類の崩壊を考えているテレザが見える。この瞬間に私には他の光景が浮かんでくる。ニーチェがトゥリン［＝トリノ］にあるホテルから外出する。向かいに馬と、馬を鞭打っている馭者を見る。ニーチェは馬に近寄ると、馭者の見ているところで馬の首を抱き、涙を流す。

それは一八八九年のことで、ニーチェはもう人から遠ざかっていた。別のことばでいえば、それはちょうど彼の心の病がおこったときだった。しかし、それだからこそ、彼の態度はとても広い意味を持っているように、私には思える。ニーチェはデカルトを許してもらうために馬のところに来た。彼の狂気（すなわち人類との決別）は馬に涙を流す瞬間から始まっている。

そして、私が好きなのはこのニーチェなのだ、ちょうど死の病にかかった

犬の頭を膝にのせているテレザを私が好きなように私には両者が並んでいるのが見える。二人は人類が歩を進める「自然の所有者」の道から、退きつつある。

ミラン・クンデラ『存在の耐えられない軽さ』（千野栄一訳）

『この人を見よ』は、ニーチェ（1844〜1900）が書いた最後の本だ。

タイトルの原語は、Ecce homo。ピラトの言葉、「この人を見よ」（「ヨハネによる福音書」19・5）のラテン語訳である。逮捕されたイエスが、いばらの冠をかぶせられ、紫の服を着せられて、引き出される。そのときローマ帝国のユダヤ総督ピラトが、ユダヤ人たちにイエスを指さして発した言葉である。

イエスは、戦う人だった。「わたしが来たのは地上に平和をもたらすためだ、と思ってはならない。平和ではなく、剣をもたらすために来たのだ」（「マタイによる福音書」10・34）。そして「イエスはレトリックの達人であった。そうしてロジックのみをあやつるパリサイの徒を、いかにあざやかに論破したことであろう」（花田清輝）。《剣を抜くことが私の楽しみ》だったニーチェも、戦う人だった。「世に出るには、

決闘をもってせよ」というスタンダールの格言を実行した。弱い者は相手にせず、強い者しか相手にしなかった。「キリスト教」や「神」や「理想」や「真理」と戦った。『この人を見よ』は、ニーチェの戦いの記録である。巨大な敵とひとりで戦ったけれど、その報告に悲壮感はなく、晴れやかだ。

『この人を見よ』は、ニーチェ自身の言葉によると、44歳の誕生日、１８８８年10月15日に書きはじめられた。そして１８８８年11月中頃に脱稿し、１８８８年12月末に再校も終わった。しかしその頃、クンデラが描いているように、ニーチェは精神がすっかり壊れてしまっていた。出版は、ニーチェが死んで8年後の１９０８年にずれこんだ。

ニーチェのこの遺作は、晴れやかで痛快な自伝である。《価値の価値転換》の前奏曲でもある。結果的には、本人にそのつもりがなかったとしても、遺言でもある。

ニーチェは、なぜキリスト教の道徳を攻撃するのか。なぜギリシャの神ディオニュソスに肩入れするのか。《ディオニュソス的》とは？ 《ツァラトゥストラ》とは？ 《超人》とは？ 《偶像》とは？ 《運命愛《アモール・ファティ》》とは？ 《価値の価値転換》とは？……。

『この人を見よ』を読むと、ニーチェの体幹がどういうものなのか、見当がつく。その体幹にささえられたニーチェの姿勢が見えてくる。

『この人を見よ』は、最良のニーチェ公式ガイドブックである。ニーチェによる、ニーチェのための、ニーチェ入門。しかしニーチェは、なぜ自分で、自分のガイドブックを書いたのか。

『この人を見よ』の最後の7、8、9節の冒頭は、3回とも《私は理解してもらえただろうか?》だ。当時のニーチェは、現在のようなスーパースターではなかった。本人が望んでいたようには理解されず、多くの人に認められてもいなかった。だから、『この人を見よ』を書いて、世間に訴える必要があったのだ。『この人を見よ』の最初にも、こう書いている。《**私の言葉に耳を傾けてくれ! 私はこれこれの者であるのだから。どうか、私のことを勘違いしないでもらいたい!**》

『この人を見よ』には、ワーグナーとツァラトゥストラがよく登場する。ワーグナーの『トリスタンとイゾルデ』は、ニーチェにとって(だけではないが)別格の音楽だった。ワーグナーの最高傑作だ。同じように、『ツァラトゥストラ』は、ニーチェにとって（だけではないが）別格の作品である。《ツァラトゥストラは人類の歴史を2つに割る。人類は、ツァラトゥストラ**の前に**生きた人間と、ツァラトゥストラ**の後に**生きた人間に分かれるのだ》。そして、その『ツァラトゥストラ』がまともに理解されていないことに、ニーチェは憤慨する。昔も今も「ロジックのみをあやつるパリサイの徒」が多いからだろう。『この人を見よ』は、ツァラトゥストラにページをたくさん割いているので、『ツァラトゥストラ』の最良の参考書として読むこともできる。

ところで『ツァラトゥストラ』は、ニーチェの専門家や哲学者のあいだでは、最重要の著作ではないとされている。『この人を見よ』も重要視されていない。その重要度を測るものさしは、近代批判を得意にする哲学工場で作られたものだ。だが人は、思想のみにて生きるにあらず。思想や哲学って、そんなに偉いものなのかな。

言葉は、ものを考えるためのツールにすぎない。目的地ではない。けれどもツールは大事に使いたい。枕詞やレッテルを疑わない人の思考は、停止している。思想家ニーチェとか哲学者ニーチェにこだわっていると、ニーチェのおいしさが半減するのではないだろうか。もっとも、どういうものを「思想」と呼び、どういうことを「哲学」と呼ぶのかにもよるけれど。

《論文なんて、私は書かない》というのがニーチェのスタイルだ（『道徳の系譜』のような例外もあるが）。アカデミズムの流儀を嫌った。『この人を見よ』でも、こんな報告をしている。《私の旧師リチュルから、こんな指摘をされたことさえあった。君はね、文献学の論文までも、パリの小説家のように——馬鹿におもしろく構想するんですね》。『ツァラトゥストラ』は、レトリックで書かれている作品である。

『この人を見よ』でニーチェは、たっぷりキリスト教の悪口を言っている。けれども、イエスの悪口は言っていない。イエスに共感するところがあったからこそ、ピラトの言葉「この人を見よ」を本のタイトルにしたのだろう。

その「この人」、つまりイエスは、尋問するピラトにむかってこう言う。「わたしは真理について証《あか》しをするために生まれ、そのためにこの世に来た。真理に属する人は皆、わたしの声を聞く」（「ヨハネによる福音書」18・37）。ニーチェは、自分をイエスにだぶらせているのだ。「イエスはレトリックの達人であった。そうしてロジックのみをあやつるパリサイの徒を、いかにあざやかに論破したことであろう」（花田清輝）

《ワーグナーがドイツ語に翻訳されてしまったのだ!》。ドイツ嫌いのニーチェならではの、反語的なレトリックである。若いころ私は、波長が合わずニーチェを敬遠していたのだが、中年になって、たまたま『この人を見よ』を手にして、この見事なレトリックに目を奪われた。

そして、《書斎は私を病気にする》とか、《一日がはじまる早朝、じつにすがすがしく新鮮で、朝焼けのように力がみなぎっているときに、本を読む。——それを私は悪徳と呼ぶ!》とか、《腰を下ろしていることをできるだけ少なくすること。戸外で自由に運動しながら生まれたのではないような思想、——筋肉も祭りに参加していないような思想は、信用しないこと。すべての偏見は、内臓からやってくる》とかに出会うたびに、膝を打ってニヤッとした。すっかり『この人を見よ』が気に入り、ニーチェのファンになった。

頭の悪い私は、むずかしい話が苦手だ。設定不良問題(かもしれない問題)に頭を悩ませるよりは、だらだら走ったり、のんびり泳いだりするほうがいい。から、だの喜びに目覚め、めでたく運動習慣病になっていた私は、から、だのことを大事に考えるニーチェの姿勢がうれしかった。《「精神」そのものが、新陳代謝の一種にほかならないのだ》とまで言っている。

ニーチェの感覚は、19世紀後半にしては、じつにしなやかで新鮮だ。当時はまだキリスト教の道徳が偉そうにしていたため、人間は反自然を強制され、《人間的》ではなかった。

……ここで私は、この問題にかんして、私の正直で厳格な信念に疑いをさしはさまれたくないので、**悪徳**を排除するための私の道徳法典の条文を紹介しておこう。悪徳という言葉で私が攻撃するのは、あらゆる種類の反自然のことである。あるいは、美しい言葉がお望みなら、あらゆる種類の理想主義のことである。その条文はこうだ。「純潔を説くことは、反自然を公にそそのかすことである。性生活を軽蔑すること、性生活を『不純』という概念によって不純にすることは、すべて、生に対する犯罪にほかならない」

人間失格の人間が、人間合格の人間になるためには？　心もからだも元気になるためには？　病気のおかげでニーチェが、本能的にかぎつけた問題である。この良設定問題にニーチェは取り組んだ。《私は、健康への私の意思、**生**への私の意思から、私の哲学をつくったのである》。だから『この人を見よ』は、健康読本として読むことができる。『この人を見よ』のおしまいは、こんな具合だ。

……「神」という概念は、生の反対概念として発明された。〔中略〕「彼岸」や「真の世界」という概念がでっち上げられたのは、存在している**唯一の**世界を無価値にするためである。〔中略〕「魂」や「霊」や「精神」という概念が、それになんと「不滅の魂」という概念までがでっち上げられたのは、からだを軽蔑するためである。からだを病気に——「神聖」に——するためである。人生で真剣に考えられるべきすべてのこと、つまり栄養、住居、精神の食餌、病気の治療、清潔、天気の問題を、身の毛もよだつほど軽率に扱わせるためである！　健康のかわりに「魂の平安」が持ち出されるが、——それは、懺悔の痙攣と救済のヒステリーを往復する周期性痴呆症なのだ！

《人生で真剣に考えられるべきすべてのこと、つまり栄養、住居、精神の食餌、病気の治療、清潔、天気の問題》のほうが、従来の「思想」や「哲学」の伝統的な問題なんかより、はるかに大切な問題なのだ。こうやって《**パースペクティブを切り替えること**》も、《価値の価値転換》である。ニーチェは『善悪の彼岸』でも、《だからもっと用心深くなろう。「非哲学的」になろう》と呼びかけている。『この人を見よ』に、当時としては新しい「心理学者」や「生理学」がよく顔を出すのも、不思議ではない。

ニーチェの「心理学」と伝統的な「哲学」との落差は、カリカチュアで描かれている。《そして私は、折りにふれてスタンダールのことを深い心理学者であるとほめるのだが、あるとき出会ったドイツの大学教授には、スタンダールの綴りをたずねられた》。ニーチェの姿勢がくっきり浮かび上がる。

《私の著作でしゃべっているのは、比類ない**心理学者**である》と、ニーチェは宣言している。自画自賛も忘れない。《いったい私の前に誰が、哲学者たちに囲まれながらも**心理学者**だったのか？　むしろ誰もが、心理学者とは正反対の「高級ペテン師」、「理想主義者」ではなかったのか？　私よりも以前に心理学はまだまったく存在して

いなかった》

ニーチェは、人類の健康のために戦った。《運命愛《アモール・ファティ》》や《価値の価値転換》は、その処方箋なのだ。

自伝は、自己言及の文学である。HPやプレゼンテーションのように、自分に都合よく編集されている。もちろん演技もまじっている。そういう限界もあるニーチェの自己言及を、私たちは、どこまで信じていいのだろうか。

『この人を見よ』では最初の目次から、ニーチェはふんぞり返り、鼻をふくらませている。本文でも、「すべて」や「あらゆる」や、形容詞の最高級の「もっとも」を惜しみなく使い、えへんと胸を張って、晴れやかに断定していく。これは演技である。しかし演技は嘘とはちがう。

『この人を見よ』は、世間をしっかり意識した4幕の舞台なのだ。

舞台でもニーチェは、《大げさな言葉、大げさなポーズには、つねに用心せよ！》と観客に呼びかけている。ニーチェの断定や自画自賛や悪口は、たんなる悪ふざけや、自分の発言を印象づけるためだけのものではないのだろう。

《私の言葉に耳を傾けてくれ！　私はこれこれの者であるのだから。どうか、私のことを勘違いしないでもらいたい！》と訴えながら、同時に、その、ちょっとばかり《大げさな言葉、大げさなポーズ》が赤信号のように点滅する。観客に合図を送っているのだ。「しかしみなさん、ご用心！　私はペテン師かもしれませんよ。私の言うことを鵜呑みにせず、じっくり自分で考えてみてください」

ヴィトゲンシュタインは、『哲学探究』の〈はじめに〉で書いている。「私の書いたものによって、ほかの人が考えなくてすむようになることは望まない。できることなら、読んだ人が刺激され、自分の頭で考えるようになってほしい」。ニーチェも同じように考えていたはずだ。

《ところで**人間の出来のよさ**は、根本的にはどこで見わけられるのか！　出来のよい人間は、われわれに快感をあたえてくれる。出来のよい人間は、堅いだけでなく、しなやかで、いい匂いのする木で彫られている》。ニーチェは、《乾燥した空気、澄んだ空》を愛した。悪口もドライで、陰湿さがない。《喜びの大使》が書いた『この人を見よ』は、出来のよい本である。気持ちを晴れやかにしてくれる。

ニーチェ年譜

1844年

10月15日、フリードリヒ・ヴィルヘルム・ニーチェ、プロイセンのリュッツェン近郊のレッケンで、牧師の家に生まれる。両親ともプロテスタントの牧師の家系。

1849年　5歳

父カール・ルートヴィヒ、死去。

1858年　14歳

プフォルタ学院（ギムナジウム）に入る。古典古代と出会う。

1864年　20歳

ボン大学に入学。はじめは神学を学んでいたが、古典文献学に転向。

1865年　21歳

ライプツィヒ大学に転任した師のリチュルを追って、ライプツィヒ大学に移る。ショーペンハウアーの『意思と表象としての世界』を読んで、感銘をうける。

1868年　24歳

ナウムブルク砲兵騎馬連隊に入隊していたが、落馬して負傷し、療養。ライプツィヒ大学に復学。ワーグナーの音楽に心酔し、ワーグナーと知り合いになる。

1869年　25歳

24歳でバーゼル大学の古典文献学の教授に招聘される。

1872年　28歳

『悲劇の誕生』を出す。ワーグナーに激賞されるが、学界からは手厳しい反発をうけ、事実上、アカデミーから追放される。

1873年　29歳

この頃から、激しい目の痛みと偏頭痛に悩まされるようになる。『反時代的考察』第1編〈ダーフィト・シュトラウス〉。

1874年　30歳

『反時代的考察』第2編〈生に対する歴史の利害について〉、『反時代的考察』第3編〈教育者としてのショーペンハウアー〉。

1876年　32歳

『反時代的考察』第4編〈バイロイトのリヒャルト・ワーグナー〉。バイロイト祝祭歌劇場が完成し、『ニーベルングの指環』が上演される。ワーグナーと決別する。以上が、ニーチェの初期とされている。冬、病気で大学を休み、女性解放論者マイゼンブークといっしょに、イタリアに行く。地中海やラテン文化に触れる。

1878年　34歳

『人間的な、あまりに人間的な』（～80

年）を出す。この頃から、アフォリズムがニーチェのスタイルとなる。頭痛などの病気が悪化。

1879年　35歳
体調不良が悪化し、バーゼル大学を退職。これから10年間は、夏はアルプスのエンガディーン地方、冬は地中海の保養地といった具合に転々としながら、アフォリズムを書きつづける。

1881年　37歳
『朝焼け［＝曙光］』を出す。ジルス・マリーアに滞在していた8月に、シルヴァプラーナ湖のほとりで「永遠回帰」の思想に襲われる。

1882年　38歳
ルー・ザロメに出会う。結婚を申し込むが、断られる。『楽しい学問［＝華やぐ智慧、悦ばしき智恵］』を出す。

1883年　39歳
ワーグナー、死去。6月、『ツァラトゥストラ』第1部を出す。9月、『ツァラトゥストラ』第2部を出す。

1884年　40歳
『ツァラトゥストラ』第3部を出す。

1885年　41歳
『ツァラトゥストラ』第4部を出す。自費出版で40部。この『ツァラトゥストラ』で、ニーチェの後期がはじまったとされる。

1886年　42歳
『善悪の彼岸』を出す。自費出版。1年で売れたのは100部ほど。

1887年　43歳
『道徳の系譜』を出す。

1888年　44歳
『偶像の黄昏』(出版は1889年)。『ニーチェ対ワーグナー』(脱稿)。『ワーグナーの場合』。『アンチクリスト』(脱稿)。『この人を見よ』(脱稿)。

1889年　45歳
1月3日、トリノの広場で昏倒して、精神が壊れる。7日までに、友人や知り合いに「狂気の手紙」を書く。9日、友人のオーヴァーベックに付き添われてバーゼルに戻る。神経科の所見は、「回復の見込みなし」。母フランツィスカに連れられて、18日から、イェーナ大学付属病院の精神科に入院。治療不可能と診断される。所見によると病因は梅毒。

1890年　46歳
母に連れられて、ナウムブルクの家に戻る。

1892年　48歳
病状、悪化。

1893年　49歳
妹エリーザベトが、ニーチェの原稿をまとめて、『(権)力への意思』の出版を計画。

1894年　50歳
病状、さらに悪化。ほとんど外出できなくなる。妹エリーザベトが、ナウムブルクの母の家にニーチェ資料館をつくる。

1895年　51歳
麻痺症状があらわれる。
1897年　53歳
母、死去。妹エリーザベトがニーチェを連れて、ワイマールに転居。ニーチェ資料館もワイマールに。
1900年　55歳
8月25日、死去。故郷のレッケンに埋葬。

訳者あとがき

この本は、Friedrich Nietzsche: *Ecce homo. Wie man wird, was man ist.*（１８８８脱稿）の翻訳です。

底本は、グロイター版。Friedrich Nietzsche, Sämtliche Werke, Kritische Studienausgabe in 15 Bänden, hg. von Giorgio Colli und Mazzino Montinari［= KSA］Bd.6, dtv/ de Gruyter 1980。

［　］内は、訳者のコメントです。通読できるように本文に組み込みました。

＊

『この人を見よ』は、ニーチェの最後の本だ。

ニーチェ自身の言葉によると、44歳の誕生日、１８８８年10月15日に書きはじめられた。１８８８年11月中頃には原稿が完成し、１８８８年12月27日には、いちおう再校が終わっている。再校までには何度も修正されたが、再校が終わってからも、修正を指示した「数枚の紙片」が、ニーチェの住むトリノから、ライプツィヒのナウマン書店に送られた。

ところでニーチェの精神がすっかり壊れたのは、1888年末から1889年初めにかけてのことだが、その時期にニーチェが送った「数枚の紙片」には、ニーチェの母と妹に対する憎悪や、ドイツ皇帝への侮蔑など、過激な内容が書かれていた。驚いたナウマン書店は、「数枚の紙片」を保留にして、『この人を見よ』の出版を見合わせることにした。

ナウマン書店に保管されていた「数枚の紙片」は、ニーチェの弟子、ペーター・ガストに持ち出されて、ニーチェの妹と母の手に渡ったが、おそらく過激な内容のために破棄されたのだろう。『この人を見よ』が出版されたのは、ニーチェが死んで8年後の1908年のことだが、そこには「数枚の紙片」の修正指示は反映されていない。

現在のところ、いちばん信頼できるニーチェ全集は、編者のコリとモンティナーリがワイマールでニーチェの遺稿にあたって、綿密なテキスト・クリティークをほどこしたグロイター版である。Nietzsche, Werke, Kritische Gesamtausgabe, hg. von Giorgio

Colli und Mazzino Montinari [=KGA]。その普及版ペーパーバック（全15巻）が、前出のKSAだ。

問題の「数枚の紙片」のうちの1枚（写し）は、1969年にモンティナーリが発見した。ペーター・ガストの遺稿のなかに残っていたものだ。グロイター版の『この人を見よ』では、その修正指示が反映されている。古典新訳文庫の『この人を見よ』は、グロイター版を底本にした。

従来版とグロイター版の異同は、たとえば〈ツァラトゥストラはこう言った〉4の冒頭の「数週間」（従来版）が「2週間」（グロイター版）に変更、といった小さな異同が多いのだが、ただひとつ大きな、そして問題の（?）異同がある。〈なぜ私はこんなに賢いのか〉3だ。従来版の文章がまるごと差し替えられ、グロイター版では、先に述べたように過激な内容になっている。

岩波文庫の手塚富雄訳（1969）も、新潮文庫の西尾幹二訳（1990）も、従来版が底本だ。白水社のニーチェ全集はグロイター版を底本にしているのだが、その『この人を見よ』（第Ⅱ期第4巻1987）の「解説」で、訳者の西尾幹二は、「数枚の紙片」の修正指示を反映させたグロイター版『この人を見よ』には批判的で、従来版を「定本」とするべきだと主張している。新潮文庫の解説でも西尾幹二は、「こういう判断は、要するに、最終的には常識が唯一《ゆいいつ》の武器である」と言っている。

たしかにその主張には常識と説得力がある。しかし常識に欠ける私は、完全には説得されなかった。そもそもニーチェの場合、「常識」が判断規準になるのだろうか。ニーチェの得意技は、胸のすくような常識破り。《神は死んだ》とツァラトゥストラに言わせたニーチェは、《すべての価値の価値転換》の元締めなのだ。

それに私には「正気」と「狂気」の境界がよくわからない。トリノのカルロ・アルベルト広場で「馬に近寄ると、馭者の見ているところで馬の首を抱き、涙を流す」ニーチェが好きだ、とクンデラは書いているが、私もそういうニーチェが好きなのだ。人間は「自然の所有者」ではない。自然の管理人でもなければ、神の代理人でもない。

グロイター版に見られるニーチェの「狂気」の飛躍（?）——たとえば、《郵便でディオニュソスの首が私のところに配達される》——も、謎めいていて魅力的だ。「狂気」も、ニーチェが大事にしたいと考えた「自然」の一部ではないだろうか。……

ニーチェはドイツ嫌いで、《儀式ばるということを、私はうまくやれたことがない》と言っている。古典新訳文庫の『ツァラトゥストラ』のときと同様、今回の『この人を見よ』でも、《筋肉の力を抜き、意思の馬具をはずして》、がんばらない翻訳をめざした。

＊

ニーチェは、《私のことをちょっと理解したと思った人は、その人がいだくイメージにしたがって、私を材料にしてその人のニーチェ像を仕立てるのである。——だから、私とは正反対のニーチェ像が、たとえば「理想主義者」が仕立てられることも、めずらしくない》と言う。私は、私がニーチェのことを「たくさん」理解しているなどとは、これっぽっちも思っていない。私の翻訳が、ニーチェ自身が描くニーチェ像から大きくズレていなければいいのだが。

岩波文庫の手塚富雄訳、新潮文庫の西尾幹二訳から、いろいろ教えていただきました。いつものように駒井稔さん、今野哲男さん、中町俊伸さんのお世話になりました。

編集担当の中町さんには、いつものように気持ちよく泳がせていただきました。ありがとうございました。

2016年8月

丘沢静也

この本の一部には、今日の観点からみて、女性や障害者などにたいして明らかに差別的な表現が含まれていますが、作品の時代背景、思想書としての歴史的・文学的な意味を尊重して使用しました。差別の助長を意図するものではないことをご理解いただきますよう、お願いいたします。（編集部）

光文社古典新訳文庫

この人《ひと》を見《み》よ

著者　ニーチェ
訳者　丘沢《おかざわ》 静也《しずや》

2016年10月20日　初版第1刷発行
2023年1月30日　第3刷発行

発行者　三宅貴久
印刷　新藤慶昌堂
製本　ナショナル製本

発行所　株式会社光文社
〒112-8011東京都文京区音羽1-16-6
電話　03（5395）8162（編集部）
03（5395）8116（書籍販売部）
03（5395）8125（業務部）
www.kobunsha.com

落丁本・乱丁本は業務部へご連絡くだされば、お取り替えいたします。
ISBN978-4-334-75341-2 Printed in Japan

いま、息をしている言葉で、もういちど古典を

長い年月をかけて世界中で読み継がれてきたのが古典です。奥の深い味わいある作品ばかりがそろっており、この「古典の森」に分け入ることは人生のもっとも大きな喜びであることに異論のある人はいないはずです。しかしながら、こんなに豊饒で魅力に満ちた古典を、なぜわたしたちはこれほどまで疎んじてきたのでしょうか。

ひとつには古臭い教養主義からの逃走だったのかもしれません。真面目に文学や思想を論じることは、ある種の権威化であるという思いから、その呪縛から逃れるために、教養そのものを否定しすぎてしまったのではないでしょうか。

いま、時代は大きな転換期を迎えています。まれに見るスピードで歴史が動いていくのを多くの人々が実感していると思います。

こんな時わたしたちを支え、導いてくれるものが古典なのです。「いま、息をしている言葉で」――光文社の古典新訳文庫は、さまよえる現代人の心の奥底まで届くような言葉で、古典を現代に蘇らせることを意図して創刊されました。気取らず、自由に、心の赴くままに、気軽に手に取って楽しめる古典作品を、新訳という光のもとに読者に届けていくこと。それがこの文庫の使命だとわたしたちは考えています。

このシリーズについてのご意見、ご感想、ご要望をハガキ、手紙、メール等で翻訳編集部までお寄せください。今後の企画の参考にさせていただきます。
メール　info@kotensinyaku.jp

光文社古典新訳文庫　好評既刊

善悪の彼岸
ニーチェ
中山 元 訳

西洋の近代哲学の限界を示し、新しい哲学の営みの道を拓こうとした、ニーチェ渾身の書。アフォリズムで書かれたその思想を、肉声が音楽のように響いてくる画期的新訳で！

道徳の系譜学
ニーチェ
中山 元 訳

『善悪の彼岸』の結論を引き継ぎながら、新しい道徳と新しい価値の可能性を探る本書によって、ニーチェの思想は現代と共鳴する。ニーチェがはじめて理解できる決定訳！

ツァラトゥストラ（上・下）
ニーチェ
丘沢 静也 訳

「人類への最大の贈り物」「ドイツ語で書かれた最も深い作品」とニーチェが自負する永遠の問題作。これまでのイメージをまったく覆す、軽やかでカジュアルな衝撃の新訳。

チャンドス卿の手紙／アンドレアス
ホーフマンスタール
丘沢 静也 訳

言葉のウソ、限界について深く考えたすえ、もう書かないという決心を流麗な言葉で伝える「チャンドス卿の手紙」。〝世紀末ウィーンの神童〟を代表する表題作を含む散文5編。

寛容論
ヴォルテール
斉藤 悦則 訳

狂信と差別意識の絡む冤罪事件にたいし、ヴォルテールは被告の名誉回復のため奔走する。理性への信頼から寛容であることの意義、美徳を説いた最も現代的な歴史的名著。